公共图书馆馆藏
文献资源数字化建设

韩春磊　著

吉林摄影出版社
·长春·

图书在版编目（CIP）数据

公共图书馆馆藏文献资源数字化建设 / 韩春磊著
. -- 长春 : 吉林摄影出版社, 2021.11
ISBN 978-7-5498-5109-6

Ⅰ. ①公… Ⅱ. ①韩… Ⅲ. ①数字技术－应用－公共
图书馆－文献资源建设 Ⅳ. ①G253-39

中国版本图书馆CIP数据核字(2021)第235526号

公共图书馆馆藏文献资源数字化建设
GONGGONG TUSHUGUAN GUANCANG WENXIAN ZIYUAN SHUZIHUA JIANSHE

著　　者　韩春磊
出 版 人　车　强
责任编辑　李　冰
封面设计　晟　熙
开　　本　787 毫米 ×1092 毫米　1/16
字　　数　200 千字
印　　张　8.25
版　　次　2022 年 1 月第 1 版
印　　次　2022 年 1 月第 1 次印刷

出　　版　吉林摄影出版社
发　　行　吉林摄影出版社
地　　址　长春市净月高新技术开发区福祉大路5788号
　　　　　邮编：130118
网　　址　www.jlsycbs.net
电　　话　总编办：0431-81629821
　　　　　发行科：0431-81629829
印　　刷　北京宝莲鸿图科技有限公司

书　　号　ISBN 978-7-5498-5109-6　　　定　　价：52.00 元

前　言

数字文献资源的存储有电子文献出版物和网络信息资源存储两种形式。其中电子文献出版物指用声像存储与检索技术、数据存储及压缩技术、文字扫描及识别技术将图像、视频、音频、文字等存在软盘、VCD、ROM、CD等上的数字型多媒体资料。电子文献的优点包括检索便捷、传播范围广且速度快、声文图交互性强、信息容量大、保存期长、体积小、可复制存储和共享、加工处理比较简单等。随着图书馆馆藏数目的增多，在有限的物理容量下，需要将传统的纸质文献转化为电子文献，提高图书馆信息存储能力。网络信息存储是指从网络上获取的虚拟资源，将其整理后可增加到本馆的电子文献中，扩大本馆电子文献的资源存储量。

地方图书馆数字化资源建设主要包括普通馆藏目录信息和特色文献的数字化工作、开发网络信息、建立专业数据库、引进数字化馆藏文献等。其中普通馆藏目录信息包括馆藏电子文献、科技会议论文文献、学位论文文献、期刊文献和图书文献等。地方图书馆在进行数字化资源建设时的基础性工作即为将所馆藏的文献目录信息录入电脑中，便于查阅。

特色文献数字化工作指认真研究所馆藏的文献并对其进行分类，根据馆藏文献的利用率、实用价值、学术价值和馆藏价值的不同，确定地方图书馆的特色和核心馆藏，同时将纸质版文献转化为数字版；同时也要根据读者的需求建立专业数据库。地方图书馆是为满足当地读者需求而建立的，通过对进馆读者进行调研和分析，选择对当地建设和教育、经济有重要影响的专业领域，逐步推进建立具有前瞻性、权威性和专业特色性的全文数据库。在此基础上，如果经费允许，也可以购买各种娱乐性、资料性、科技性和学术性的多媒体资料。

目　录

第一章 图书馆管理原理

第一节 图书馆管理的含义、对象和特征

一、图书馆管理的含义

图书馆是一个目的系统，是一个为特定目的——交流知识信息而组织起来的系统，这个系统是由文献信息资源、人力资源、设施和设备等要素组成的。图书馆联系文献信息与社会成员的社会功能的发挥，离不开管理活动。这种管理活动既包括信息资源的管理，也包括图书馆人力资源、物质资源、财务资源的管理。对于图书馆管理的理解，在我国长期以来存在着一个重大的偏差，即把管理等同于科学管理。实际上，科学管理产生于管理学发展的早期，以美国管理学家泰罗为代表，科学管理只是管理学的一个流派，不能涵盖管理学的全部。我们在这里用图书馆管理来表达这一活动，但所引用的资料中保留原文中的“科学管理”的提法。

在我国，对于图书馆管理的认识，是随着国外管理学理论和方法的译介，以及图书馆管理实践的发展深化而逐渐完善起来的。在这个过程中，人们提出了许多图书馆科学管理的定义。下面是在图书馆界流行的几种说法：

第一种说法认为，“图书馆工作的自动化管理就是图书馆科学管理”。毫无疑问，图书馆是要实现自动化管理的，利用自动化手段进行图书馆业务工作的集成化管理，是图书馆工作现代化的重要特征之一。但是，图书馆管理是一个完整的概念，包括人员管理、经费管理、设施和设备管理、业务工作管理、图书馆事业管理等等，绝不是“自动化管理”所能包括和代替的，因为它只是现代化技术在图书馆工作中的应用问题，是图书馆管理的一种手段。

第二种说法认为，“图书馆内各个工作环节之间的高度协调一致就是图书馆科学管理”。不可否认，图书馆内各个工作环节之间的高度协调一致是图书馆达成有效管理的标志之一。但是，仅仅有了这种协调一致并不等于达成了有效管理。这是因为管理包含决策的过程，如果决策失误，协调一致可能会引起更大的副作用。只有在正确决策的前提下，各个工作环节之间的高度协调一致才能发挥出积极的作用。

第三种说法认为，“低耗、高效、优质的管理就是图书馆科学管理”。低耗、高效、优质，这是现代企业管理中用以衡量经营效果的三项指标，对图书馆管理有借鉴作用，但是把它作为图书馆管理的定义还不够准确。这是因为图书馆活动属于精神生产的范畴，而精神生产的社会效益往往具有潜在性和隐蔽性的特点，一些精神生产活动的经济效益是曲折地转化到物质生产部门，一些精神生产活动在短时间内往往看不出其经济效益，甚至在一定时间内只有消费而无经济效益。由于精神生产具有与物质生产不同的特点，因而评价其管理效果的指标也应具有特殊性。

第四种说法认为，“符合图书馆工作规律的管理就是图书馆科学管理”。这种说法套用了哲学中的概念来概括图书馆管理的定义，表达的含义是遵循图书馆工作的客观规律进行管理，可以提高图书馆的管理水平，但这是一个缺乏操作性的定义。

第五种说法认为，“图书馆组织管理的系统化就是图书馆科学管理”。这是把系统理论应用于图书馆管理的尝试。系统理论是研究系统存在与发展机制的依据，把它引入图书馆管理实践中来，可以丰富图书馆管理的理论和方法。但这种定义过于概括。

以上几种说法都是从不同角度提出问题和认识图书馆管理问题的，都有一定的合理性，但又都存在着一定的局限性。我们应当对这些说法进行综合分析，吸收其中的合理成分，以便对图书馆管理进行更全面、更准确的表述。笔者认为，现代图书馆管理既不是传统的行政管理，也不是从实际工作中总结出来的经验管理，也不能把它归结为科学管理，更不能把它简单地概括为数学方法加电子计算机的应用。

在这里，我们将图书馆管理定义为：图书馆管理是对图书馆的文献信息、人力、财产和资金、物质资源，通过计划和决策、组织、领导、控制、协调等一系列过程来有效地达成图书馆的目标的活动。

二、图书馆管理的对象

概括地说，现代图书馆管理的对象就是图书馆系统。根据系统论的观点，世界上一切事物都可视为系统。在一个系统内可以有若干个子系统，只有每个子系统都达到最佳效果，整个系统的管理才处于最佳状态。图书馆管理包括微观管理和宏观管理两个部分，微观管理是对个体图书馆的管理，宏观管理则是对社会图书馆事业体系的管理。

现代图书馆系统是由人员、文献信息、建筑、设备、经费、技术方法等要素构成的。这些构成图书馆系统的要素就是现代图书馆管理的具体对象。现代图书馆管理的目的，就是根据图书馆的既定目标，合理地组织这些要素，并择其最优的组合方法，使之成为一个互相联系、互相制约、互相促进的有机整体，最大限度地提高图书馆系统的功能，为广大用户服务。

图书馆系统，是图书馆工作作为一种社会分工而独立存在之后人为构成一个社会子系统。它是一个开放的系统，与外界不断有物质、能量和信息的交换。人类增长的信息知识以及大批人力、物力、财力的投入是系统的输入；对外提供的各种文献信息和服务是系统的输出。正是由于图书馆系统的开放性，它才有可能形成有序结构，而为社会所利用。

三、图书馆管理的特征

现代图书馆管理，在方法上是管理过程的系统化。系统化管理是现代图书馆管理最本质的特征。这个本质特征把现代图书馆管理同传统的行政管理和经验管理区别开来。从传统的行政管理和经验管理到系统化管理经历了一个由简单到复杂、由低级到高级的发展过程。系统化管理是图书馆管理的最新阶段，它具有以下三个显著的特点：

（一）整体性

把图书馆看成是一个系统，图书馆的一切活动被看成是一个整体。要使图书馆的一切活动处于良好的运动状态，应具备以下条件：

第一，必须有现代的管理思想。要有效地实行现代图书馆管理，就不能因循守旧、安于现状、故步自封、津津乐道于已有的管理经验，而应该不断学习、勇于革新、开拓图书馆工作和图书馆事业建设的新局面。

第二，必须有科学的方法和手段。应当对图书馆系统各层次、各环节进行质的划分并规定量的比例，逐步建立起图书馆系统各层次、各环节的数学模型，保证系统管理的有效实现。要根据工作目标和工作环节的分解，实行定额管理。工作定额是指每个图书馆工作人员在一定的时间内，保质保量地完成一定的工作量。实行定额管理，是图书馆劳动组织的一个重要内容。通过实行定额管理，可以提高工作效率，保证工作任务的完成。另外，要辅之以行政管理和经济管理等多种管理手段，推动图书馆管理水平的不断提高。

第三，必须有严格的规章制度。要使图书馆系统正常运行，必须有严格的规章制度，否则工作无依据、办事无准绳、奖罚无根据。

第四，必须有统一的业务标准。图书馆的各项业务活动必须规格化、条例化。

第五，必须有合理的智力结构。所谓合理的智力结构，就是图书馆从业人员的学科结构要合理，既要有图书馆学、信息学人才，也要有自动化技术人才，还要有其他各专门学科的人才；此外，各层次人才要成比例。有研究者经过调查研究和科学分析后，认为对于图书馆业务人员而言，应当建立 1 ∶ 3 ∶ 9 或 1 ∶ 5 ∶ 15 的人才结构比例，即 1 名高级馆员配 3~5 名馆员，1 名馆员配 3~5 名助理馆员。但是，图书馆的类型不同、性质不同、基础不同，智力结构也应各有不同。以上五个方面，是构成图书馆活动整体性的基础。在管理过程中，要注意处理整体与局部、物力与人才、定量分析与人的主观能动性等各方面的关系。

（二）关联性

图书馆系统中的各个环节、各个层次都是相互关联、互为因果的。因此，在解决问题时要十分注意事物的因果关系。例如，拒借率是图书流通工作中存在的重要问题，但产生拒借率，有文献信息资源建设工作方面的原因，有文献整理与目录组织工作方面的原因，还有流通借阅工作方面的原因。要全面地分析各个工作环节造成拒借的具体原因，加强全馆各部门业务工作的联系和协作，建立岗位责任制，才能从根本上降低拒借率。

（三）均衡性

图书馆系统是一个运动系统。在运动过程中，不仅要取得与外部环境的平衡，而且要取得动态的体内平衡。所谓图书馆与外部环境的平衡，即要求图书馆的全部活动目的都要与一定社会的政治、经济、科学及文化教育的发展相适应，从而满足多层次的社会需要。所谓图书馆内部的均衡，即要求各子系统的目标必须服从图书馆系统的总目标，保证图书馆与外部环境均衡的实现。例如，目录组织体系与馆藏文献组织体系间的平衡，备查性文献与流通性文献之间的平衡，建筑设备与日益增长、类型复杂的文献资料之间的平衡，人员配备与各项业务工作的需求之间的平衡等等。总之，要努力实现图书馆系统各环节、各层次协调均衡地发展。

综上所述，整体性、关联性、均衡性共同构成了现代图书馆管理的特征。它要求把图书馆看成是由许多既有分工又相互联系、相互依存的要素的统一体。图书馆管理必须从全局出发，而不是从局部出发；分析管理过程中的问题要用发展变化的观点，而不是用孤立静止的观点；解决管理过程中的问题应顾及图书馆系统内各环节、各层次之间的固有联系，而不能把相关的环节割裂开来去解决管理问题。

四、图书馆管理学

图书馆管理学是研究图书馆管理的基本理论、管理过程、管理方法、各种具体管理和图书馆管理趋势的科学。其主要内容包括：

（一）图书馆管理的基本理论

该理论主要包括图书馆管理学的研究对象、研究内容、体系结构、相关学科、学科性质、研究方法与任务，以及图书馆管理的意义，图书馆管理的构成与定义，图书馆管理的性质、对象、范围、目的、任务、手段和工具，现代图书馆管理的原理、特征，图书馆管理思想的产生与发展等。

（二）图书馆管理过程

该过程包括图书馆的决策、计划、组织、领导、控制、协调等。

（三）图书馆管理方法

该方法包括行政方法、经济方法、法律方法、激励方法、数学方法、运筹学方法等。

（四）图书馆各种具体管理

图书馆各种具体管理包括行政管理、人员管理、经费管理、文献管理、设备管理、建筑与环境管理等。近 20 年来，我国图书馆管理研究的主要热点主题包括：

图书馆管理理论，包括一般性理论、方法、目标管理、质量管理、竞争战略等。

图书馆管理体制，包括图书馆领导体制、管理模式、图书馆法、图书馆政策、图书馆规章制度等。

图书馆业务管理，包括图书馆业务流程管理、图书馆评估、图书馆统计、计算机应用管理等。

图书馆行政管理，包括图书馆领导与决策、思想政治工作、岗位责任制、经费等。

图书馆人力资源管理，包括图书馆职业、职称、队伍建设、激励、考核、在职教育等。

图书馆信息管理与知识管理。

图书馆经营管理，包括图书馆有偿服务、创收经营、产业化理论、公共关系、形象设计等。

各类型图书馆管理。

互联网环境下的管理问题。

第二节　图书馆管理的意义和原则

一、图书馆管理的意义

图书馆管理是图书馆工作和图书馆事业发展所提出的要求，其重要意义在于：

图书馆管理是图书馆工作的整体性和图书馆事业具有全国规模的需要。图书馆工作是在科学发展和社会进步的推动下不断向前发展的，它自身同样经历着分化又综合的过程。在科学文化信息交流系统中分化出图书馆系统，图书馆系统又分化成各种子系统和二级子系统；这些子系统和二级子系统又互相依赖、互相制约，不可分割，共存于图书馆系统的统一整体中，共同完成向社会提供文献信息的任务。

当今，图书馆工作结构日趋复杂化，这使得图书馆的管理问题显得特别重要。科学有效的管理，是图书馆工作顺利开展的基础。没有科学有效的管理，必然导致图书馆的分散、重复、混乱和浪费。图书馆工作的水平，说到底，就是科学有效管理图书馆工作的水平。

随着人类社会的进步和科学文化的发展，图书馆的数量不断增多、类型不断增加，同用户的联系面更加广泛。这说明图书馆已不是孤立的单个的存在，而是一个社会化的有机整体。因此，需要通过管理增进图书馆与图书馆之间、图书馆与用户之间的联系。

图书馆事业是由各种不同类型的图书馆组成的。要使具有全国规模的图书馆事业布局合理，使之协调而又有计划地发展，必须对全国图书馆事业实行科学有效的管理，以便把丰富的文献信息资源当作全社会的共同财富，有效地加以开发和利用。

图书馆管理是有效利用信息资源的需要。信息广泛存在于自然界和人类社会中，包括自然信息、生命信息、社会信息和机器信息。对于人类来讲，每时每刻都在传递和接受着大量的信息，其核心是知识。信息是动态的概念，它只有在流通中才能发挥作用。只有运用科学的方法加以管理，信息的价值才能得到有效的体现。

当前社会中，文献是主要的信息来源，是信息存在的一种物质状态。在文献量激增的当代社会中，要求图书馆对数量庞大、内容复杂的文献资料进行准确的挑选和科学的整理加工，以便及时将信息传递到用户手中，没有对文献信息资源科学有效的管理是根本不可能做到的。所以，科学有效的管理是有效利用信息资源的前提。

科学有效的管理是实现图书馆工作现代化的需要。图书馆组织管理的有效性和科学性，既是图书馆工作现代化的需要，也是实现图书馆工作现代化的基础。没有图书馆组织管理的科学化，也就无法实现图书馆工作的现代化。例如，要建立起拥有先进的技术和设备、能够迅速准确地将文献信息资料传递到用户手中的信息网络，就必须加强对图书馆工作和图书馆事业科学有效的管理。没有科学有效的管理，不提高图书馆管理水平，即使有了先进技术和设备，也不能充分发挥作用。现代化信息网络的建设及其作用的发挥，不仅取决于现代化的技术和设备，而且取决于图书馆管理水平。

二、图书馆管理的基本原则

图书馆管理应遵循以下基本原则：

集中管理。这是我国图书馆事业管理的重要原则。集中管理包括两方面的内容：一是指图书馆事业建设要有集中统一的管理，以便协调全国各系统、各地区图书馆的工作，有目的地规划全国图书馆事业的发展，组织全国性的图书馆事业网。二是指图书馆业务技术工作的集中管理，即实行图书馆业务技术工作的标准化，其中包括统一分类、统一编目、统一数据存储格式和信息交换标准等。

民主管理。这是我国图书馆管理的又一重要原则。所谓民主管理，就是吸收图书馆工作人员和用户代表参加图书馆的管理工作，图书馆可以建立有馆员和用户代表参加的民主管理组织。建立这个组织的目的是提高图书馆的管理水平，它在图书馆管理中起着参谋作用，其任务是：①对图书馆工作提出合理化建议和改进意见；②督促图书馆工作计划的执行；③对专业人员的安排和使用提出建议；④对领导干部的工作进行监督等等。

计划管理。这也是我国图书馆管理的重要原则。图书馆的计划管理就是要发挥工作计划在管理过程中的作用。工作计划是根据客观实际情况和工作任务的要求，预先确定开展工作的目标、措施和步骤以及方法等等。工作计划可分为全馆计划、部门计划或某一项工作的专门计划。制订工作计划必须从实际出发，留有余地。在执行计划的过程中要随着客观情况的变化对计划做适当的修改。如果工作无计划，就不能有效地组织业务活动。因此，正确地制订和执行各种工作计划是图书馆管理中不可缺少的环节。

注重经济效果。注重经济效果，就是要研究如何合理地使用人力和经费，最充分地发挥图书馆各种设备的能力，建立最优化的文献信息资料的收藏系统和服务系统，以及与之相适应的各种科学的规章制度和条例。要力求用最少的经费补充用户最需要、最有使用价值的文献资料，用最经济的劳动加工整理各种文献信息，用最快的速度为用户提供各种资料，并使图书馆的各种设备最大限度地发挥作用，从而保证图书馆各种活动的最大效能。这些应该是图书馆管理所追求的目标。人力、物力、财力和时间的浪费以及无效劳动，都是与图书馆管理的原则不相容的。注重经济效果，应当成为图书馆管理的一项基本原则。

第三节　图书馆管理的内容

一、现代图书馆管理的基本要求

现代图书馆管理的基本要求是管理规格化、劳动组织合理化、业务工作计量化、工作人员专业化。

管理规格化。所谓规格化，就是要有完善的规章条例和业务标准。所以，图书馆管理的规章条例化和业务技术标准化是规格化的两大内容。

规章条例是管理的依据，图书馆没有一套科学的规章条例就无法组织各项业务工作。业务技术标准化是管理的重要手段，没有统一的业务技术标准，就谈不上科学有效的管理。

劳动组织合理化。劳动组织合理化以最经济的人力取得最佳的工作效果，它是图书馆合理地组织劳动力所要达到的主要目标，为了实现这个目标，必须：

①根据本馆的性质和具体任务，以节约人力、方便管理、减少层次、提高效率为原则，合理设立业务机构。

②根据本馆收藏的文献资料的类型和用户需要的特点，科学地划分工序和工作范围。工序和工作范围的划分，要做到既避免工作脱节，又减少人力的浪费，力求科学和合理。

③建立岗位责任制。所谓岗位责任制，就是规定明确的职责范围，让每一个部门和每一个工作人员都承担起应负的责任，做到各负其责，各尽其力。严格的责任制是提高工作质量的重要保证。

业务工作计量化。数据分析是管理的一种手段。要进行数据分析，就必须建立系统的统计制度。有了完整系统的统计数据，才能分析出数与质的关系。统计数据能够反映图书馆的基本情况，是改进工作、提高服务质量的重要依据，对于图书馆实行科学有效的管理可以起到“耳目”和“参谋”的作用。例如，当图书馆统计了一天中哪段时间内用户来馆比较集中，掌握了一周内哪些天来馆用户比较多等数据，就可以用排队论的数学方法，科学地安排工作人员的上班时间，合理地组织劳动力。同样，在掌握一定数据的基础上，我们可以运用库存论研究现有书库空间的合理使用；运用线性规划科学地安排开馆时间、干部配备和经费的使用等等。因此，可以说，在图书馆管理中，有了统计数据，就可以实时掌握图书馆工作的运行状态；没有真实可靠的统计数据，就无法进行数据分析，当然也就很难为改善管理提供准确的依据。

工作人员专业化。培养一支合格的专业化队伍，是实现图书馆管理目标的必要措施。图书馆工作人员的专业化包括两个方面，一是必须具备图书馆学、信息学的基本知识和图书馆工作的基本技能；二是向文献信息工作专门化的方向发展。这就要求图书馆工作人员在熟悉图书馆业务的基础上，在某一学科的知识范围内，以文献信息为研究对象，深入学习该学科知识，熟悉该学科的各种文献，能够担负起该学科的专题文献和信息服务工作。

二、图书馆管理的内容

现代图书馆管理是通过决策、计划、组织、控制、协调实现的。各环节之间不是相互割裂的，而是相互联系、相互制约的，共同作用于管理运动的全过程，形成了图书馆管理的特定内容。

决策。任何图书馆系统及其所属子系统的管理过程，都离不开正确的决策。图书馆系统的决策，主要包括：图书馆发展方针、政策、战略方面的决策；各项业务工作的决策，如采集文献品种与复本数量的决策，分类法的选择，馆藏划分最优方案的选择，排架方式的选择，开架与闭架方式的选择等等；人事方面的决策，包括人员智力结构的确定，人员更新与培训的方式，奖惩制度的制订等等；财务、设备方面的决策，包括经费预算及其合理分配，设备、用品的选择等等。正确的决策来源于正确的判断，正确的判断来源于周密细致的调查研究。因此，深入调查研究是决策过程中避免失误和少犯错误的重要一环。

计划。这是管理过程中一个十分重要的因素。计划是一种预测未来、确定目标、决定政策、选择方案的连续过程，是图书馆各项活动的指针，图书馆系统的各方面决策都是要通过计划去实现的。

图书馆计划包括两个基本方面：一是国家图书馆事业发展计划；二是个体图书馆的发展计划。

国家图书馆事业发展计划应包括：①图书馆事业总体规划。规定图书馆发展的总量与速度，确定重点与比例，平衡各类型图书馆的建设和布局。②图书馆网的发展计划。规定图书馆网的组织形式及其结构。③专业人员的培养计划。该计划包括正规的学校教育、职业技术教育、函授教育、在职教育等多层次教育形式。④科学研究与协调发展计划。该计划包括基础理论研究、重要科研项目、技术设备和服务手段，以及引进技术与大型协作计划等。个体图书馆的计划，有长期计划与短期计划；有全馆计划与各个业务部门的计划；有本馆的整体发展规划与各局部的发展计划等等。

计划是由定额、指标、平衡表三部分组成的。各项定额是发展计划的基础，计划的内容和任务则体现在指标上，计划就是综合平衡，平衡表是基本手段和工具。国家图书馆事业发展计划是各分项计划的集合，一个馆的总体计划是本馆内各个部门计划的集合。在制订各项计划时，应明确该项计划的主要任务及其在总体规划中的地位和作用，认真选取衡量该项计划发展水平的主要指标，确定发展的规模和速度，突出发展重点，规定适当的比例，注意各项计划之间的协调。应当指出的是，在编制图书馆计划时，必须通过统计工作收集可靠的数据指标，并根据各项相关的指标，谋求最佳的发展方案。

组织。组织指对活动所需的资源加以组合，建立组织的活动与职权间关系的过程。组织是发挥管理职能、实现管理目标、完成计划的保证。组织工作是一个分工的行为，同时又是一个组织各方进行协作的行为。组织工作还包括人事工作，亦称人员配备，即为组织工作过程中设置的工作岗位配备合适的职工人选。因此，在图书馆管理系统中必须要有健全的组织机构，明确各个工作岗位的职责，确立各级人员之间的相互关系，做到职责分明，权责结合。只有这样，才能实现管理过程中的各项决策和计划。

领导。领导是引导人们为实现组织的目标而努力，它包括激励、领导的方式方法、沟通等问题。图书馆要建立合理的领导层群体结构，注意选拔主导型人才，重视领导者群体的智力结构，加强领导者之间的团结协作。图书馆的领导者应当注意在正确运用合法权利、奖励权力、强制权力之外，学习和掌握图书馆专业知识和管理知识，不断完善本人各方面的素质，增强自己的专家权力和个人影响力。要重视对领导艺术的学习与实践，包括授权艺术、决策艺术、会议艺术、用人艺术、奖励艺术等。

控制。这是按既定的工作计划、标准去衡量各项工作成果，并纠正偏差，使工作按计划的方向进行。所以，控制不仅是对现有工作成果进行评定，更重要的是认识和判断工作发展的趋势并为改进工作提供信息反馈。可以说，没有良好的信息反馈，图书馆就无法对自己的各项工作进行有效的控制。这是因为控制的功能是通过输入、中间转换、输出、反馈四个环节实现的。输入包括两个方面，一是物流的输入（包括人、资金、设备、物资、文献等），二是信息流的输入（包括各种决策、计划、规章制度等）。中间转换包括物流、信息流在图书馆各层次系统中的实际运动过程。输出包括品种、数量、成本等各项指标。反馈即将输出信息回收到输入端，与原给定物流、信息流进行比较，发现差异，查明原因，予以消除，这样就达到了控制的目的。反馈是控制中最重要的一环，反馈的信息有真假之分，必须对反馈的信息进行去伪存真的分析，以便对图书馆系统的各个工作环节进行有效的控制，保证图书馆均衡地完成工作计划，取得最佳的服务效果。

协调。协调是管理过程中不可缺少的环节，它可以使图书馆事业的建设或一个图书馆的各项工作趋向和谐，避免矛盾和脱节现象。图书馆的协调，从微观角度来看，指的是图书馆内纵向和横向的协调。纵向协调，就是要保持图书馆各层次子系统的上下平衡；横向协调，就是要保持图书馆系统各层次彼此之间的协作，以避免各个工作环节和各个部门之间发生脱节或失调现象。图书馆的协调，从宏观角度来看，是指与图书馆外部的协调。这种馆际之间的协调，也分为纵向层次的协调和横向层次的协调。纵向层次的协调指的是本系统图书馆从上至下的协调；横向层次的协调指的是本图书馆系统方针、任务与其他图书馆系统的协调。如省级图书馆属于公共图书馆系统，除了要与整个公共图书馆系统协调外，还要同高等学校图书馆系统、科学图书馆系统及其他图书馆系统进行横向协调，使各个图书馆系统紧密联系，均衡发展，从而充分发挥各种类型图书馆的功能，为广大用户服务。

第二章　图书馆管理实务

第一节　图书馆工作组织

一、图书馆工作组织的意义和作用

图书馆工作组织，是图书馆根据其方针任务，结合本馆的具体情况，有计划、有步骤地把全馆工作进行科学安排。一方面把图书馆全部业务工作合理地组织起来，既有明确分工，又能相互配合，使全馆各项业务工作成为一个有机的整体；另一方面要采取种种措施，促使图书馆行政事务工作紧密配合业务工作，以保证图书馆方针任务的贯彻落实。由此可见，图书馆工作组织，是贯彻方针任务，开展业务工作的一种手段。图书馆工作者的积极性和馆藏文献资料的作用能否充分发挥，在一定程度上都取决于图书馆工作组织是否合理。

图书馆工作组织属于图书馆管理的范畴。根据我国图书馆的实际情况，它的内容主要包括图书馆业务机构的设置、图书馆劳动组织、图书馆人员的配备、图书馆工作计划的拟订及执行和检查、图书馆规章制度的建立、图书馆经费的预算和使用，以及其他行政事务性工作等等。它们既具有相对的独立性，又是相互联系和相互作用的。机构设置、劳动组织和人员配备，直接规定和影响着图书馆业务工作的社会效果。机构设置适当，有助于合理组织劳动力，劳动组织的改善，可以减少人员配备，提高工作效率。图书馆工作计划是本馆所有部门贯彻方针任务的指南。图书馆的行政管理和各种规章制度是图书馆完成计划，推动各项业务工作的必要手段。

图书馆的各项业务工作是前后衔接、环环相扣的。如果其中某一个环节运转不灵或失误，都会直接影响其他工作环节的顺利进行，进而损害整个图书馆系统的功能。图书馆工作组织的作用就在于运用各种安排和措施，抓住业务工作的一个个环节，把它们科学地组织起来，进一步加强它们之间的相互配合，使图书馆的各项工作成为一个统一的整体。

图书馆业务工作的中心环节是用户服务工作。图书馆方针任务的贯彻落实，主要是通过用户服务工作来体现的。图书馆工作组织就是要抓住用户服务工作这个中心环节，带动全馆其他工作，并使图书馆的采访、分编、典藏、自动化建设等内部工作为用户工作服务。

从以上分析中可以看出，图书馆工作组织也是图书馆工作不可缺少的部分。如果缺少了这个部分，就会直接影响图书馆方针任务的贯彻落实和图书馆业务工作的开展。它是推进业务工作，提高工作效率，保证图书馆方针任务贯彻落实，充分发挥图书馆社会功能的重要手段。

二、图书馆业务机构的设置

图书馆工作是一种工序很多、前后衔接、连续性强的工作。怎样把图书馆业务工作的许多工序合理地组织起来，设置一些什么样的业务机构把它统管起来，是搞好图书馆工作的个重要条件。

图书馆需要设立哪些业务机构一般没有统一的标准和规定，各图书馆应根据自己的任务、馆藏、人员、设备等因素，统一考虑，统筹安排。

业务机构设置首先应该考虑有利于管理的方案，各部门之间既有明确的分工，体现各个部门的工作范围、职责，又便于相应的协作，互相补充，发挥整体的作用。机构上下之间分级管理，能充分调动全馆工作人员的积极性。要把那些性质相近的工序组织在一起，减少往返传递，避免重复劳动，节省人力和时间，提高各项工作的速度和质量。

一般地说，工序是图书馆设置业务部门的主要依据。按工序设置业务部门，有利于组织业务工作，便于业务部门之间的互相联系。一般来说，传统的图书馆通常设立下列部门：

采编部门。该部门主要负责文献资料的采访、征集、验收、登录及注销，文献资料的分类、编目和主题标引，文献采购的协调和馆际交换，编制新书通报等。

外借阅览部门。该部门主要负责用户登记、发放借阅证件；办理馆藏文献的外借和阅览；管理并指导用户使用目录；宣传推荐文献，指导用户阅读；帮助用户复印资料等。

参考咨询部门。主要负责编制各种专题书目索引，指导用户使用书目索引、文摘、题录及其他各种工具书，解答用户咨询等。

文献典藏部门。该部门主要负责基本书库和保存本书库的组织管理，办理文献的出库和归架，做好文献保护工作。

业务研究辅导部门。该部门主要负责本地区、本系统图书馆的业务辅导工作，组织本地区、本系统图书馆工作经验的交流和图书馆业务的研究、收集、整理并保管图书馆学专业文献资料，有些图书馆业务研究辅导部门，还负责打理本地区中心图书馆委员会和图书馆学会的日常工作。

特藏部门。该部门负责珍本、善本文献和其他特藏资料的管理和流通。

自动化部门。该部门负责本馆自动化管理系统的开发、管理与维护工作。

由于影响图书馆业务机构设置的因素很多，所以各个图书馆的机构设置，并不是完全一致的。例如规模较大的图书馆，可以分别设立采访部和编目部。规模较小的图书馆，经常把采访与编目合并，设立采编部；把阅览与典藏合并，设立典阅部；把参考咨询合并到阅览部，不另立参考咨询部。我国的省、市公共图书馆普遍设立有业务研究辅导部，有些大型的科学图书馆也设立了业务研究辅导部；有些大型图书馆按出版物类型把图书与期刊分开，单独设立期刊部；有些科学和高等院校图书馆按学科设置业务部门；也有许多图书馆采取先按工序，再按语种组织业务工作。采访部下面分设中文采访组和外文采访组，编目部下面分设中文编目组和外文编目组，典藏部下面分设中文书库和外文书库。有的图书馆为便于对不同类型文献的搜集、整理和利用，专设了古籍或地方文献部门，形成了一个从采访、典藏到流通的独立系统。为了加强信息服务工作，有些图书馆设立了信息服务部。

以上这些业务部门，依据图书馆规模的大小，可以称部，也可以称组，但部和组的工作性质和范围是相同的。

图书馆的全部业务工作，是由上述各个业务部门分别完成的。各个业务部门既有明确的分工和职责范围，又是相互联系的。在图书馆的全部业务工作中，用户服务工作是其中最重要的工作，文献搜集、馆藏管理、文献保管等各项工作，都应以方便用户利用文献作为出发点。因此，图书馆业务机构都应以用户工作为中心来组建，抓住了这一点，业务机构的设置就有了明确的方向。

在虚拟环境下，图书馆的工作环节和程序将发生变化，相应的传统图书馆职能部门，如采购、典藏、服务等部门的职能将扩展，可按任务组成信息搜集部、信息转换部、数据描述部、数字化服务部、技术支持部等部门。为适应市场经济对图书馆的要求，有些图书馆还设立了文献开发部门，负责创收与开发工作。当然，传统型出版物的典藏、服务部门等还将继续存在。

第二节　图书馆规章制度

一、图书馆规章制度的意义

图书馆规章制度是指图书馆工作人员或用户必须遵守的工作条例、章程、规则、细则和办法。它是图书馆实行科学有效管理的依据和准绳，是整个图书馆工作正常而有秩序地进行的保证。各种类型的图书馆，特别是工作内容比较复杂的大型图书馆，必须建立一套严密的、科学的规章制度。一个图书馆工作效益的大小、工作秩序的好坏，都与是否认真建立或严格执行各种规章制度有着直接关系。

严密的、科学的规章制度不仅要正确地反映图书馆业务工作和技术操作的特点和规律，成为进行业务技术工作的准绳，而且要正确地解决图书馆内各个部门、各个工序和各个环节的业务技术问题、工作人员之间的关系问题以及图书馆与用户、一部分用户与另一部分用户之间的关系问题。

严密的、科学的规章制度应体现出人们在实践中积累起来的成功经验，也可以说是经验的法定化、条例化、规范化。它应当揭示出图书馆提倡什么、反对什么、约束什么，使图书馆的管理者和使用者都按照规章制度办事，保证工作正常和有秩序地进行下去。

图书馆规章制度是图书馆工作实践经验的总结和概括，但随着图书馆工作的开展和人们认识的深入，它并不是一成不变的。人们应当根据客观情况的变化及时地检查规章制度，发现确实有不合理的，或者是有弊病的，就得坚决地加以改革。在改革规章制度时，要严格划分合理的制度与不合理的制度、正确的制度与错误的制度、必要的制度与“清规戒律”之间的界限。图书馆业务工作具有很强的积累性、持续性和连锁性，尤其是属于业务操作技术方面的规章制度，更要保持最大限度的稳定性和规格化，应尽量减少和避免不是十分必要的变动。对于必须要改的规章制度，破了必须要立，最好是先立后破，边立边破，以防青黄不接，难以为继，使工作发生混乱。

二、图书馆规章制度的建立和执行

图书馆在建立规章制度的时候，一定要严肃认真，本着“凡事慎于始”的精神，力求新订的规章制度符合实际，科学严密。建立规章制度时，需要考虑以下四方面的关系：

（一）图书馆与用户的关系

图书馆制订各种规章制度，既要以便利用户为出发点，又要建立在管理科学化的基础上，两者必须统一起来。所谓对用户的便利，是指对全体用户的便利，不能是便利一部分用户而妨碍了另一部分用户的利益。而且，这种便利是长远的便利，不是称便于一时，而贻患于未来。因此，需要以科学有效的管理来保证规章制度的合理性。

（二）用户与用户的关系

制定规章制度时要体现在保证重点用户需要的前提下，满足一般用户文献信息需求的原则。从整体上看，图书馆要保护多数用户的利益。例如，图书馆为了严防丢失损坏文献资料而订立的某些制度，目的就是要保护全体用户的共同利益。

（三）利用馆藏文献与保管文献的关系

图书馆的各种规章制度应当从便利用户利用馆藏文献出发，但同时也要考虑到保护图书馆财产的完整性。利用文献是图书馆工作的目的，保管文献是为了更好地利用馆藏。图书馆工作人员应从健全规章制度和掌握规章制度方面来调整利用馆藏文献与保管文献的关系。在一般情况下，图书馆的馆藏以满足借阅为主；但在某些情况下，某一种文献或某一类文献，在一定时间内，也可以仅供用户在馆阅览，不能做馆外流通。某些文献只借给科学研究用户，不借给一般用户。这样做，是为了保证重点用户的迫切需要，还是从便利用户借阅出发的。

（四）图书馆内部各部门的关系

图书馆内部各部门的工作，是一个有机的整体。只有各项工作保持平衡，才能保证图书馆工作的正常开展，否则工作就会处于被动甚至混乱状态。全馆工作的平衡，指的主要是文献资料的收集、整理工作与流通推广工作之间要保持平衡，应加强收集、整理、典藏等基础工作，为流通推广工作创造更为有利的条件。

建立、健全严密科学的规章制度，既是图书馆管理工作的重要环节，又是一种极为重要的管理手段。凡所制定的各种规章制度，一旦批准生效，就应当坚决执行。图书馆的全体工作人员和用户，都有权监督和保证规章制度的执行。为了保证各种规章制度的贯彻执行，还要建立监督检查制度，把贯彻执行规章制度与干部考核、奖惩工作结合起来。

三、图书馆规章制度的内容

图书馆应当有一套既包括行政工作也包括业务工作的制度。行政工作制度主要是组织管理制度。它是图书馆开展工作的总纲领，应该对本馆的性质、方针、任务、领导分工、业务工作、会议、学习等问题做出明确的规定。其中，业务工作方面的制度最基本的有以下几种：

（一）文献采集工作制度

文献采集工作制度包括文献采集的标准和办法，文献采集工作细则。在文献采集的标准和办法中，必须明确规定采集原则、收藏范围、复本标准、采集计划、文献经费使用方法、审批手续和订购办法等。文献采集工作细则是采访人员进行工作的具体守则，它的内容包括采集工作过程的操作技术、质量要求及有关的注意事项，如文献及用户需求的调查研究、补充、交换、登记、盖章、移交、注销和文献统计分析等工作细则。

（二）编目工作制度

编目工作制度包括编目工作细则、文献分类规则、文献著录条例、目录组织规则等。编目工作细则是对编目工作的总规定，它指出编目工作的整个流程、方法依据、操作技术和质量要求等。由于编目的对象既有图书、期刊、报纸，又有音像资料、计算机文档等，它们的工作流程、方法依据以及操作技术等，多少有些不同，所以也应分别加以规定。文献分类规则的内容主要是对分类法的选择和增删，以及对文献进行辨类和归类方法的一些规定。因为文献分类规则牵涉分类目录组织和文献的分类排架等问题，所以制定时应充分考虑本馆的专业特点、馆藏文献成分和用户需要等情况。文献著录条例是关于各种类型文献著录方法的规定。目录组织规则包括对目录体系和目录组织办法的规定。

（三）借阅工作制度

借阅工作制度包括用户借阅规则、阅览工作组织。用户借阅规则主要是面向用户的。在用户借阅规则中，又可分为用户登记、借书证和阅览证的发放原则和办法、借阅办法、阅览室规则、文献复制规则、赔偿规定等。阅览工作细则除对用户提出一些守则性的要求外，还要明确馆员如何接待用户和如何保管文献，规定服务范围、对象、标准等。

（四）书库管理规则

书库管理规则包括保存本书库、基藏书库、辅助书库及特藏书库的划分和管理。书库管理规则要对文献排架、出入库登记、馆藏文献动态统计、书刊出纳人员的职责、文献装订修补、剔旧、安全防范、清点等工作做出明确具体的规定。

（五）自动化工作管理规则

自动化工作管理规则包括机房管理、数据保存、访问权限、数据安全、设备更新等方面的规定。除上述几种规章制度外，为了加强图书馆的管理，还必须制定其他一些必要的规章制度，如经费使用和管理条例、设备管理和维修条例、岗位责任制和奖惩条例等等。

所有这些规章制度，都不是孤立地制定的。在这套规章制度中，既要对馆员和用户提出明确要求，也要对馆藏文献资料做出一些保护性的规定；既要注意处理与馆外有关方面的关系，也要注意处理馆内各部门之间的关系，还要注意规章制度整体与部分之间、一项制度与另一项制度之间、同一制度的一条规则与另一条规则之间的前后呼应、互相衔接。

第三节　图书馆岗位责任制和目标管理

一、图书馆岗位责任制

从20世纪80年代开始，岗位责任制被逐步引入图书馆，并得到广泛应用，成为我国图书馆管理中运用得最普遍的管理方法之一。

岗位责任制以规章制度的形式明确规定每个工作人员的岗位，以及应该达到的基本要求和应负的责任，并据此进行考核和奖惩。其核心内容有如下几项：①确定岗位，明确岗位的工作范围；②明确各岗位的责任和具体任务；③规定每项工作质和量的指标；④规定工作人员处理工作问题的权限；⑤关于工作人员职业道德的规定；⑥每项责任有严格赏罚规定。

岗位责任制的运用对图书馆定岗定编、调动工作人员积极性、完善图书馆的管理、完成图书馆的任务等方面，都有积极作用。但是，岗位责任制的实行，并没有从实质上改变图书馆的管理体制和用人体制、分配体制，不能够建立更加合理的激励机制。因而，随着市场经济的发展和图书馆岗位的深入，岗位责任制在管理实践中暴露的问题越来越多，许多图书馆的岗位责任制实施困难越来越多，管理制度已流于形式。在这种形式下，进入20世纪90年代以后，一些图书馆开始引入目标管理。

二、图书馆目标管理

目标管理源自美国企业界，引入中国后，逐渐由企业向社会各方面渗透，而图书馆界开展目标管理还处于尝试阶段。20 世纪 90 年代开始推行的承诺制也是一种目标管理方法。

目标管理是一种系统，在该系统中，下属和上级共同确定具体的绩效目标，定期检查完成目标的进展情况，并根据这种进展给予奖励。它是以重视成果的思想为指导，共同确定一定时期的总目标，通过层层分解、自我控制、自我管理手段来达到目标的一种管理方法。

目标管理的含义应包括六个基本要素：①以重视成果的思想为指导；②主管人员与下属人员共同确定该组织一定时期的目标；③将共同目标进行分解，落实至各个部门及个人；④根据预期各人将达到的目标，明确各人的责任范围；⑤每个人围绕目标自觉工作，自我控制、自主管理；⑥依据预定目标对达到的成果进行检查和评价。

目标管理是重视成果的管理。在目标体系确定后，上级应将完成其自身目标的权力授予相应的下级，由执行者自己充分发挥主观能动性和工作责任感，用自己的创造精神和创造才能去独立自主地开展工作，上级在工作中给予必要的、适当的指导，最后再根据成果与预定目标来评价下级工作的绩效。

图书馆目标管理，是运用目标管理方法来开展图书馆的各项管理活动。它包括以下几个环节：①制订总目标；②层层分解目标；③制定落实措施；④安排人力和物力；⑤实施和控制；⑥效果评定。

相对于岗位责任制来讲，目标管理更适合于图书馆的工作特点与工作性质，更能体现图书馆目标的整体性，更能充分发挥人的自觉性和创造性，能更好地促进员工业务素质的提高，更有利于图书馆领导提高管理艺术。因而，目标管理将有可能成为我国图书馆的一种重要管理方法。

第四节　图书馆管理体制

一、图书馆事业管理体制

实现国家集中管理图书馆事业的原则是把全国所有的图书馆（不管它们所属关系如何）都联合在统一、完整的体系中，并使其活动服从全国政治、经济和文化任务需要的重要保证。

长期以来，我国图书馆事业基本上属于纵向结构，各类型图书馆分属文化、教育、科研等多头领导，横向联系虽有，但与纵向联系相比，不很普遍。虽然 20 世纪 50 年代曾由国家科委牵头，有关部门参加组成的图书组和全国第一、二中心图书馆委员会和九个地区性的中心图书馆委员会，但后期工作中断。1987年部际图书情报工作协调委员会成立后，虽然领导开展了全国文献资源调查与布局研究，但对于加强图书馆的横向联系并没有起到实质性的作用，因此我国横向的馆际协作和协调工作进展缓慢，致使我国图书馆事业形成了分管体制，出现了分散多头、现有文献资源难以充分利用的状况。

世界上的很多国家也存在着类似情况，但是自20世纪60年代以来，一些国家为了消除分管体制所产生的问题，都相继成立了图书馆和信息机构的全国性统管机构。这种机构不只是咨询性质的，也是职能性的统管机构。我们要消除图书馆事业纵向结构的弊病，增强图书馆之间的横向联系，为开展馆际协作和协调工作提供组织保证，建立跨部门的全国性统管文献信息工作的职能机构是很有必要的。这种必要性概括起来主要是以下三点：

（1）有助于消除我国长期存在的图书馆与信息单位和不同类型的图书馆之间分散多头、现有文献信息资源难以统一利用的状况。

（2）有助于从全国着眼，做出全国规划，合理布局、统筹安排图书馆事业的发展。

（3）建立全国统一的图书馆事业网和实现图书馆现代化，是我国图书馆事业领域的一场深刻变革。这场变革的组织工作将是十分复杂而艰难的，需要一个拥有实质权力的机构来具体规划和协调。

统管全国文献信息工作的职能机构的建立，将给我国文献信息事业的发展开创新的局面。它所担负的主要任务是：

（1）根据国家在各个时期的总任务，确定发展文献信息事业的方针和具体政策。

（2）制订文献信息事业发展规划、条例和标准。

（3）统筹安排图书馆学、情报学教育，科研和协作协调活动。

二、馆长负责制

馆长负责制是行之有效的图书馆管理体制。实行馆长负责制，就是要明确馆长在行政领导和业务管理方面的职权和责任。图书馆馆长承担着领导全馆的重任：他要主持制订全馆的规划、计划，进行工作总结；要考虑不断调整、充实和改变本馆的人员结构，以便组成多层次、多学科的业务工作队伍，并不断提高工作人员的素质；要制定经费预算，掌握经费开支；要指导本馆的文献建设和自动化建设；要抓好业务研究和经验交流，处理对外事务等。

图书馆馆长既要行使组织管理工作的职权，也应当承担管理工作的各种责任。为此，就要求馆长应该具备与他的职责相适应的能力和条件。

馆长的能力主要是管理能力，由于决策是管理过程中不可缺少的内容，所以馆长的能力最主要的是决策能力。在管理过程中，馆长必须全面掌握本馆的情况，以便做出正确的决策。为了将正确的决策付诸实施，馆长还应当具有组织调配全体工作人员的能力。

馆长应具备进取精神，即有很强的事业心和高度的责任感，刻苦钻研业务，使自己成为内行或专家。为了不断推进图书馆工作，馆长必须具有变革求新的思想，发挥前瞻性目标管理的作用。所谓前瞻性目标管理，是指馆长在每一年度之初，规划本馆所预定完成的目标、各阶段所需时间及衡量成果的方法，然后组织本馆各个部门共同完成预定的目标。前瞻性目标应包括新的尝试和新的做法，这样才能使本馆工作不断地有所前进。一个图书馆经营的好坏，与馆长的素质有密切的关系，馆长应懂得如何分配人力、物力、时间，如何有效地利用图书馆资源；馆长应在图书馆中创造有效的组织规模及优良环境，使图书馆成为有生命力的社会机构，要重视培养全体工作人员的事业心和责任感；馆长应有较强的应变能力，在处理馆务时，首先应具有客观的态度，能透过理性的标准来做选择，切忌感情用事。其次，兼容性是馆长必须具备的品质，他应当听取不同的意见，进而选择最适合于本馆的管理模式；馆长还应具有较强的信息意识，掌握国内外图书馆工作的趋势，以便从中汲取营养，不断改进本馆工作。

按照民主管理的原则，图书馆馆长应该虚心听取民主管理组织的意见，充分尊重馆员民主管理的权力，集思广益做好图书馆管理工作。

第三章　信息资源整合的相关理论

第一节　图书馆信息资源整合概述

如今信息技术的发展不断地推进着经济社会各方面数字化与信息化的发展，使得信息资源整合成了当代信息技术背景之下进行信息资源管理的主要方法和趋势。本节就信息资源整合这一个话题展开论证，对图书馆信息资源整合的相关内容进行深入探讨，希望对图书馆信息资源整合的相关工作能够有所促进。

随着社会的发展，政治、经济与科技都在不断的进步当中，信息经济时代也由此成了我们当今时代的另一个代称。所有人都目睹了信息科技的发展，但是世界之大，世界之中所有事物的所有信息之多又岂是我们能够轻易细数的，所以，随着网络信息的增长和信息技术的日渐成熟，信息资源整合便成了人们归纳总结信息的一种有效方式。信息资源整合可以使信息资源趋向有序化，提高其可用性，于是信息资源整合就成为图书馆资源建设的重要部分。图书馆作为保存与传播信息知识的重要地点，面对庞大信息量的挑战，只有将信息资源整合发展起来，才能够适应网络信息增长的速度与数量，才能够抓住信息时代快速发展的机遇，走上数字化道路，与时俱进，满足广大用户的需求。

一、图书馆信息资源整合的内涵

（一）信息资源整合的含义

所谓“整合”，就是把一些零散的东西通过某种方式彼此衔接，从而实现信息系统的资源共享和协同工作，其精髓主要在于把零散的要素相互组合在一起，从而形成一个有价值、有效率的整体。而推及信息资源整合，就是指将根据一定的需要，对各个相对独立系统中的数据对象、功能结构及其互动关系进行融合、聚类和重组，重新结合成为一个新的有机整体，从而形成一个效能更好、效率更高的新的资源体系。信息资源整合中所说的“信息资源”并不是包括所有信息，而是指那些加工整序、相对独立并且是不同类型和学科的数字资源系统；相反的，不具备这些条件的信息就不能够归入信息资源整合的范畴当中。

（二）图书馆信息资源整合的含义

作为容纳了无数信息资源的信息集聚地，信息资源整合对于图书馆来说是必不可少的。图书馆信息资源整合就是在遵循一定的原则、规范以及标准的前提之下，对图书馆之内的数据信息进行整合，将图书馆内的数据库——无论是网上的信息数据库，还是现实中的书目等数据库，进行信息资源的整合，使用采、分、编、点、流的必要工作流程，推动图书馆信息资源整合的进度，使得用户能够在统一有序的不同数据库中进行信息检索和查阅。

二、图书馆信息资源整合的方式

（一）以目录形式进行整合

自古图书馆的藏书量都是巨大的，其中所蕴藏的信息资源量也是巨大的。在信息多样化发展的现在，图书馆中馆藏的信息资源逐渐朝着多样化的趋势发展。现代图书馆中的书籍信息资源可能同一个个体有着许多不同的存在方式，比如说电子版的、网络版的或者是纸质版的，其中有可能还会有相关的音视频资料附随等等。所以，整合这些具有相同或者是相关主题的信息资源，就可以以目录的形式进行链接聚合。

在以目录形式进行信息资源整合的时候，可以先建立一个具有相同或者是相关主题的目录，然后再将相关的信息进行补录整理，人们就可以在信息资源检索系统中直接点击具有相关信息的目录，这样一来就可以查阅到自己想要的信息，还能够检索一些相关联的音视频、图形资料等等。

（二）通过学科分类对资源库进行整合

建立关于学科分类的资源库，就是将相同学科或与学科主题有关的信息资源整合起来，按照一定的条件进行链接聚合，让其成为系统性、有序性的资源库。但是学科资源库的建立并不是简单地将有关的资源结合起来，而是要通过细心的分类、筛选后才能够建立起来。这样的数据库，CALIS 从 1999 年就开始建立发展了，到目前为止已经成功建立 25 个学科专题数据库。

（三）归纳整合信息资源检索方式

对信息资源进行检索的方式有很多，发展图书馆信息资源整合也需要将检索方式一一罗列总结出来，以便人们可以直接选择自己愿意或是懂得的检索方式进行信息资源检索。而对于检索方式的整合则需要经过几个必要的层次，分别是要实现数据库之间检索方式的统一、各类数字信息资源的链接融合、实物型资源与虚拟资源之间检索方式的聚合以及馆际信息资源的整合。这样信息资源整合才能够被更进一步地推动。

（四）根据信息资源来源类型创建资源库

图书馆中的信息资源获取渠道很多，根据信息资源来源划分的话，可以分为图书资源、期刊资源、报纸资源、会议论文资源以及其他各种资源的混合型整合，如此就可以轻易检索到信息的来源了。

三、图书馆信息资源整合的必要性

（一）能够对复杂多样的信息资源进行整合

信息资源日趋多样化，且数量也越变越多，这样变化着的信息资源不仅能够拓宽人们的知识面，还能增加人们对信息资源的相关需求。但是，信息资源不断发展扩大，就导致了信息资源容易混乱、难以理清，影响了人们信息查询的效率与准确性，信息资源的增多，也使人们在查找数据的时候必须在多个数据库中反复检索，既没有效率，又很可能会出现错误。而信息资源整合就是能够将重复的、没有意义的信息进行剔除和筛选，从而达到信息资源的有序化，提高信息检索的效率和准确率，满足人们的需求。所以实行图书馆信息资源整合是图书馆当前的重要任务，具有必要性和迫切性。

（二）资源信息整合能够提高图书馆的信息服务水平

现代图书馆和传统图书馆是具有很大差别的，现代图书馆较之传统图书馆，在管理理念和服务技术水平上都有很大的提升和改变，所以现代图书馆对于信息资源的整合比传统图书馆有利，而且在现代信息技术高速发展的现在，现代图书馆也比传统图书馆更有必要发展信息资源整合。现代图书馆发展起了信息资源整合，图书馆中的所有信息资源都将被优化、有序地管理，数据库在得到整理融合的同时，图书馆的管理员也能够为人们提供更加直接、方便而且多样的服务，不再局限于简单的图书整理管理等传统的工作，这样一来，资源信息整合也就提高了图书馆的服务水平。

（三）有利于构建图书馆的信息服务平台

图书馆进行信息服务，对信息资源进行有效的开发，信息资源的整合是图书馆信息服务的基础和平台。信息技术的发展、信息资源的扩大都意味着信息资源组织发展的必然趋势就是信息资源整合，只有将信息资源进行有条件、有原则的规划整理，将相同的及相关的资源链接聚合于同一个资源库，这样才能够适应如今信息社会的发展，促进图书馆的信息服务平台的构建。

（四）能够促进图书馆信息资源的共享

图书馆信息资源进行整合，图书馆与图书馆之间进行信息资源的沟通交流，能够突破时间、空间的限制，达到资源共享的好效果。图书馆信息资源整合强调的是图书馆信息资源库中单个的信息系统之间的横向联系，对于图书馆信息资源之间的链接融合也比较强调重视图书馆与图书馆之间的资源共享，以此反过来推动图书馆信息资源整合的发展进程。

随着时代的发展进步，经济全球化成为趋势，信息科技不断发展也成了全球发展的潮流，而就是这样的环境，才使得人们对信息资源有了新的需求，使得信息资源整合具有了新的意义。总地来说，进行图书馆资源整合，有很多不同的方法和类型，在实际操作中难免会有困难，所以就要先制定有效的规划和标准，对信息资源整合的相关行为进行规范，这样才能够推动图书馆信息资源整合的过程。

第二节　网络信息资源的整合原则

随着网络规模的不断扩大和网络信息的不断增加，网络信息资源的自由性与科学性之间的矛盾、人的精力有限性与资源无限性之间的矛盾，致使网络信息资源与用户使用的矛盾越来越突出。因此，如何从网络信息资源中甄别、挑选出及时而有价值的信息资源；如何通过对信息资源的重组、融合和深层次加工，将相同学科专业、相关主题方面的信息进行汇编聚类，并进行评价的工作越来越为用户所需要。本节从分析网络信息资源的特点入手，提出要有效地进行网络信息资源的整合，就必须根据其特点，探索出相应的解决办法。

一、网络信息资源的特点

网络信息资源在数量、结构、分布和传播范围、类型、媒体形态、内涵、控制机制、传递手段等方面呈现出了新的特点，涵盖了其他载体记录信息的各种资源特征的总和。它的特点主要表现在：

（一）具有广泛性、开放性和无限性

网络资源来源于客观世界，其汇集的信息资源取之不尽、用之不竭。而产生在互联网上的信息资源最大的特点就是开放性。因为开放，所以它无限。这种信息以电子文件的形式分布在世界各地数百万计的计算机上，涉及人类社会所有的领域，无异于现实世界的包罗万象，只要人类能想象得到的，它都敞开胸襟，一揽怀中。总之，网络信息资源包括不同学科、不同领域、不同地区、不同语言的各种信息，组成了世界上最大的信息资源库。

（二）具有较强的时效性、交互性和互动性

网络资源“消除不确定性的东西”，是有“寿命”的，但它随着时间和空间的推移，可以不断更新和产生不同的功能，此时此地信息资源价值连城，彼时彼地则可能一文不值。因此，网络信息资源具有强烈的时效性。在互联网上能够得到最新的资料，获得某个科研的最新动态，还能得到最近或者当日的文献。它们超文本式的信息资源是人—机交互式的，可随时调用、检索和存储信息。网络资源的正式出版物和非正式信息交流交织在一起，使传统的人类信息交流链的格局被打破，各方在网络上既可以是信息的生产者、发布者，也可以是信息的传播者和使用者，对学术交流环境产生了深刻的影响。

（三）具有创新性、共享性和渗透性

网络信息资源来源于大规模的科研创新，如信息存储、处理、传输技术，各种软件平台的开发，计算机硬件技术等的不断创新。正是这些网络信息资源的出现和发展，推动了人类社会经济、政治、文化、科学技术、军事等众多领域的创新和变化。网络信息资源不像一般物质资源经过一次消费就消失了，而是可以存贮多次被传输利用。不同的用户可以在同一时间、不同的地域共享同一内容的信息，极大地促进了全球性的资源共享。正是因为这种共享性，才广泛地渗透到各行业并影响着人们的思想观念、思维方式和生活方式。

（四）具有流通性、指向性和增值性

网络信息资源的流通是绝对的，其流通量及流通速度远远大于物质和能量的流通。某一重要的信息可以在极短的时间内流通到社会的各个角落，这种流通往往指向一定的使用者，它的指向性表现为用户对信息资源的选择利用和信息的定向传播。网络信息资源同自然资源一样，不经过投入人力、智力、物力和财力，是无法被开发利用的，但它能带来增值，为社会生产和经济发展带来效益。

（五）具有存储载体、存取方式的多样化和数据结构的标准化

网络信息资源与自然资源不同，不是有形的自然物实体，自身不能独立存在。但为了传播与利用，它必须依附于各种载体，如光盘、磁盘、存储器、录音和录像带等等。它的存取方式与所获得的信息资源类型和范围密切相关，它的主要存取方式有电子邮件型、图书馆型、书目型、数据库型等等。全球信息资源的共享促进了网络信息资源数据结构标准化的进一步开展，也致使各种资源之间的开放型和兼容性越来越强。网络信息资源数据结构的进一步标准化使得信息资源易于扩充，各个系统之间易实现互联和互操作。

（六）具有高度的整合性，便于多种媒体一体化

Internet 上信息资源的存储和处理采用文本、超文本、多媒体和超媒体形式。超文本技术尤其是多媒体和超媒体技术的发展和应用，使得网络信息的组织方式不仅以知识和信息为基本单元，而且能充分展示这些单元之间的逻辑关系。网络信息资源也由传统的线性排列发展到可以按照信息自身的逻辑关系组成相互联系的、直接的、非线性的网状结构。Internet 能为用户提供各种形式的信息及其组合。网络信息资源的这种高度整合性，便于多种媒体一体化，易于实现各种网络资源的相互转化和二次开发，在新的平台上形成新的综合性信息产品，方便检索，增加了信息资源的利用价值。

（七）具有不稳定性和相对的无序性

受信息时效性以及各种不定型因子的干扰和影响，网络信息资源往往表现出波动，而且资源分散、无序，随机变化大，许多网站不断地更换网址，有的网站昨天工作得非常出色，今天就会突然销声匿迹。信息的地址、链接及内容本身处于经常变动状态之中，其更迭和消亡往往无法预测，加之数量庞大的互联网目前尚缺乏统一的管理机构，因此，互联

网上的信息是十分散乱的，呈分散无序化状态。

（八）质量良莠不齐

互联网上的信息资源，一部分是人类知识的精粹，是人类的巨大财富。但是，还有相当一部分是出于某种目的的信息或者是未经任何审核的数据信息，其中，真知灼见有之，胡说八道有之。由于互联网的巨大开放性，而且上网者在存储和发布信息时有很大的自由度，致使网络信息具有很大的随意性，缺少质量控制和管理机制，使得网络信息繁杂、混乱，信息质量良莠并存。

二、网络信息资源整合的原则

网络信息资源的诸多特点，决定了我们在整合网络信息资源时必须遵循一定的原则，这些原则既是网络信息资源开发利用的客观规律反映，也是网络信息资源自身发展的要求。

（一）选择性原则

在现代技术条件下，条件再好的图书馆也不可能将所有的网络信息资源进行整合，应该建立起一个具有明确主题的收藏体系。

（二）实用性原则

这是搜集、整合网络信息资源最基本的原则。只有针对用户需求，有针对性地搜集、组织的信息，才是最有使用价值的，才能最大限度地满足用户的需求。

（三）非线性组织原则

传统图书馆的信息组织是一种线性的组织，如图书馆目录。而网络信息资源是一个非线性组织的网状结构，这个信息网的任何一个信息单元都有一组与其相关联的信息点链接着。非线性信息组织是依赖于现代计算机技术而产生的一种新型的信息组织模式。超文本技术是这种信息组织方式的现实模式，借助这种现代技术，多角度地揭示网络信息资源是提高信息检索与利用效率的基础。

（四）标准化原则

网络信息资源整合的目的就是要达到标准化，它是数字化图书馆赖以生存的基础。特别是图书馆网络化兴起之后，标准化更是维系图书馆网络的基础。数据格式的标准化、描述语言的标准化和标引语言的标准化是其主要内容。随着计算机网络化的发展，规范控制已成为网络信息资源整合的重要基础。

（五）特色化原则

在进行网络信息资源整合时，要体现鲜明的特色，如专业特色、地方特色、语言特色、类别特色等。只有能反映并提供网络资源特色的数据库，才能拥有众多的用户，求得自身的长远发展。

（六）充分利用原则

若任一用户到任一资源点都是可到达的，则用户是满足的；若任一资源都能被用户所利用，则称资源是被充分利用的。有了这些原则的指引就可以充分整合网络信息资源，其中很重要的是以计算机为基础的数据库资源网络的整合。

（七）安全性原则

安全性原则一方面是针对计算机病毒、黑客等的危害而言的；另一方面是针对网络信息资源的知识产权保护而言的，即对网络信息资源下载、复制、整合时必须依照知识产权保护法等法律法规进行，这是保证网络信息资源正常交流、推动网络信息资源健康发展的必要保证。

三、网络信息资源整合的方式

网络资源的优化整合方式是现代信息技术和情报学方法的结合，是根据互联网技术的特点、网络资源的类型构成与特征，以及对网络资源开发与利用的需求来选择的。目前使用的较为普遍的方式有文件方式、数据库方式、主题目录方式、超媒体方式、搜索引擎方式、元数据方式和网站方式等。

（一）文件方式

文件方式是指以文件系统组织和管理信息资源的方式。一个文件可以包括数据、程序或字符，是计算机保存处理结果的基本单位。网络环境下以文件方式整合信息资源，以单个文件为单位共享和传输信息，通过文件方式存储图形、图像、音频、视频等非结构化信息特别简单方便，容易处理。这是最早存储信息、共享信息资源的组织模式。但这种方式占用存储空间大、共享性差、管理和组织困难，对于结构化信息则难以实现有效的控制和管理，而且随着网络信息资源利用的不断普及和信息量的不断增多，以文件为单位共享和传输信息就会使网络负载越来越大。因此，文件方式只能是网络信息资源管理的辅助形式。

（二）数据库方式

数据库方式是对大量的规范化数据进行管理的技术。数据库是指在计算机存储设备上合理存放的、相互关联的、可共享的数据集合。数据库方式能高速处理大量结构化和非结构化数据，能以某一信息项作为数据的最小存取单位，从而降低网络数据传输的负载。用户通过关键词及其组配查询，就可以找到所需要的信息线索，再通过线索链接到相应的网络资源。数据库在大量信息的有效存储和快速存取方面发挥了重要作用。因此，数据库方式是当前普遍使用的网络信息资源整合方式，尤其适宜对大数据量的处理。但是，目前的数据库技术不能提供数据信息之间的知识关联，缺乏灵活易用的界面机制。

（三）主题目录方式

它是一种网络信息资源聚类的整合方式，是可供检索和查询的等级式主题目录，以超文本链接方式将不同学科、专业以及区域的信息按照分类或主题目录的方式组织起来。它实际上是提供一种界面机制，用户通过浏览 Internet 界面与网络信息资源的主题目录进行交流，并通过主题目录间接的链接来挑选所录用的链接资源。由于目录结构具有良好的可扩充性和严密的系统性，这就决定了在利用主题目录方式整合网络信息资源时，必须事先建立一套完整的主题目录分类体系，而且体系结构又不宜过于复杂，每一类目下的信息索引条目也不宜过多。这样用户就可按照规定的分类体系逐步查询，目的性强、查准率高。

（四）超媒体方式

超媒体方式是一种知识单元纳新型信息整合方式，它借助超文本技术与多媒体技术的结合来实现。它将文字、表格、声音、图像（形）、视频等多媒体信息以超文本方式整合起来，使人们可以通过高度链接的网络结构在各种信息库中找到所需要的任何信息。它在整合网络信息资源上具有类似于人类联想式的记忆结构，用户可以在网络中主动浏览和航行；它还具有图、文、声并茂的信息服务功能，能方便地描述和建立各媒体信息之间的语义关系，避免检索语言的复杂性，能满足用户自然交流信息的过程，是 Internet 上占主流地位的信息整合方式。其缺点表现在：信息源定位困难，编目对象不好识别。

（五）搜索引擎方式

搜索引擎是一种基于Internet上的信息查询系统，包括信息存取、信息管理和信息检索，它是目前网络信息资源组织和检索的主流方式和工具。目前，网上的搜索引擎大致可以分成三类：一是通用性搜索引擎；二是专业性搜索引擎；三是元搜索引擎。其优点是能充分利用各种计算机自动化技术，省时省力、信息覆盖面广，更新速度快，简单易用，检索速度快，能及时获取最新信息。其缺点是检索的准确性不是很高，离人们的检索需求及对检索效率的期望还有一定的差距，还有待改进。

（六）元数据方式

元数据被用于描述资源的信息，提供资源的索引或指南。它可以作为标题存在于资源之中，或通过其他方式与资源链接。它为用户（人类或机器）提供一种发现资源是否存在和资源如何被得到或存取的方式。元数据可包含许多方面的内容，诸如主题内容、制作者、出版商、与其他作品或特殊读者之间的关系等等。元数据的应用，促进了网络环境中信息对象的发现和检索。

（七）网站方式

从网络的组织结构中可以看出，信息资源主要分布在网站上，Internet 提供的信息服务在很大程度上也是依靠网站来实现的，网站方式组织网络信息资源可以将信息提供、信息组织和信息服务于一身。因而，网站方式是网络信息资源的重要组织方式。但是，网站组织网络信息资源也有不足，其信息的保存问题和信息质量问题也有待进一步研究。

第三节 信息资源整合跨系统

虽然我国在面向企业及其他客户的信息集成服务方面取得了一定的成果，单个系统的资源可以有效地归类整合。例如我国的大部分高校建立了自己的图书馆与资源库，但是在跨系统资源的整合方面还存在诸多不足。此问题目前在我国许多地方正在进行积极的探索，如河北承德市目前正在构建“互联网＋科技专家技术服务”模式，充分利用“互联网+”手段，建设科技专家技术服务全流程服务平台。平台通过整合科技资源与市场资源，对专家、企业提供双向服务，并在实践中形成具有多样性特色的服务功能，这对于当地图书信息资源的整合具有重大意义。

一、信息资源整合跨系统问题的提出

我国目前的图书情报行业的运行体制与对现代企业的服务还有许多不相适应的地方，主要问题是以部门系统为导向的发展模式，导致了图书情报资源的分散性，从而不能满足现代企业服务对其发展的综合服务需求。传统的图书情报运行模式以部门、条块为基础，因此，对于信息平台的整合同样是在这样的体制、模式内进行，这对于综合信息平台的搭建构成了严重的束缚。此外，随着我国人民群众的精神需求日益旺盛，而信息之间的割裂使得民众不能有效、方便地获取想要的信息资源，因此构建跨平台跨系统的综合信息资源平台就是亟待解决的问题了。站在战略定位的角度，我们可以对每个系统平台整合发展的格局做出分析：

首先，观念更新是跨系统整合的前提，这是决定信息资源整合平台跨系统建设总方向的关键。过去的知识创新主要以科研为主要内容，科研需要的信息主要来源于公共的图书情报机构，此外还有部门较为隐秘的信息来源于各部门、系统的资源。实际上，这种部门化、系统化的模式也是由过去的机制所决定的，经过几十年的发展一直延续到了现在。但是，随着我国市场经济体制以及对外开放格局的不断深入，我国闭塞的知识资源信息平台结构也在悄然发生变化，目前在一些一、二、三线城市正在构建开放化、市场化协同信息资源共享平台。

其次，政府职能的调整是导致信息机构组织关系变化的关键因素。当前，随着我国市场经济的不断发展，政府这只有形的手的作用也大大减弱了，现在主要强调市场规律，由企业自己进行调节，“放管服”的管理模式应运而生。此项改革使得我国形成了以政府宏观调控为辅助、市场自行调整为主的模式。在体制改革中，以前部门管辖的信息机构也逐渐剥离出来，受体制的约束逐渐减少。此外，其自身也在逐渐的市场化、社会化。这就为广大受众、企业、科研机构提供综合性的信息跨系平台建设减少了机制束缚。

最后，用户对信息需求的多样性、综合性在平台的发展中也扮演着重要角色。一方面，随着我国经济持续利好发展，知识创新主体对信息的需求正在悄然发生变化，知识更新的速度逐渐加快，人们对与自身职业或者爱好等相关的信息需求更强，迫切需要一个综合性的智能信息平台为他们提供专业的信息收集服务，为相关人群提供一个全面的、专业的知识信息。另一方面，随着我国学术界对相关领域研究的不断深入，学科的交叉越来越普遍。例如，研究知识产权的学者在研究一个发动机专利的过程中，其不仅需要是熟悉相关的申请流程、法条，还需要了解发动机的工作原理。此前我国有关发动机的专利有哪些，这些都超出了单一的学科知识范畴，社会科学与自然科学的结合日益密切，因此，对不同领域知识的获取或者参考必然会到相关的知识平台查询，但是目前我国的机构资源过于单一，这就要求不同的资源平台相互协作，满足用户的需求。

二、信息资源跨系统整合平台实现中的问题

第一，当前在有些区域，其资源的整合主要是在当地政府的主导下进行的。实际上，这还是部门协调下的部分资源整合，并未从更大的视角去协同，因此，资源的分布还处于一个较为零散的状态，由于很多地方部门并没意识到这一问题，在区域资源平台的基础上反复的革新，导致重复建设，这大大浪费了国家资源。此外，由于我国区域面积大、发展不平衡、各地的信息资源发展不均衡，各地的信息部门管各地的资源，缺乏国家层面的统一协调，因此必须在国家的宏观指导下，对全国的信息资源进行科学的整合。

第二，虽然我国目前的信息资源较世纪之初丰富了很多，但是资源的丰富并不代表其内容质量过关，我国的信息资源过于庞杂，质量当然也参差不齐，因此，必须对全国的资源进行一个彻底的、科学的重构，而重构必须依赖于信息资源整合平台，否则将无法完成这一规模庞大的任务。只有在不同的系统、在不同的信息部门，在实现通力合作的基础上，搭建智能的信息资源共享平台，才能有效地筛选出质量上层的信息资源，同时也能很好地解决信息资源平台反复更新还是出现问题的尴尬局面。虽然当前我国的某些学者提出亟须建立跨系统的信息资源平台，但是资源分布不均衡是一个现实的棘手问题，要解决此问题，就必然要从局部的资源进行试点整合。

此外，要注重建设过程中的用户不一、需求不明多样的问题。要实现资源平台更为科学、用户搜索更为便利，那么必须从用户的需求出发进行建设，只有这样才能实现跨系统信息资源平台建设的科学性、有效性。但是目前由于我国知识群体用户人数基数大，同时由于每个个体背景的不同，需求也不一样，对需求的定位难以精准化。笔者建议，可以提取一定规模的样本，搜集他们的兴趣爱好、知识结构等，再结合各部门之间的协调，创建一个更为高效、专业的跨系统资源共享平台。

三、信息资源跨系统整合平台建设的推进

遵循科学原则，整合科技人才资源，建立当地的科技服务专家库。通过与高校和科研单位合作，征集可为当地区域服务的，且符合当地地方产业发展需求的科技人才、专家，建立符合地方产业发展的科技服务专家库，按每个产业特色确定相关的专家。地方资源信息库的建设还可以通过合作专家与长三角、珠三角、京津冀高校、科研机构建立长期的合作关系，来确保每年专家的更新，各类成果、技术和信息量的更新与增长。

进行跨系统整合平台发展战略目标的选择与定位。跨系统整合平台是一项较长期的任务，在战略实施中宜采用分阶段、循序推进的原则。既要制订长期发展计划，也要考虑分阶段目标的选择和定位。其次，通过专业服务，推动优秀技术项目的落地转化，促进技术能力向生产力的转化，加快区域产业创新升级，助力地方的经济发展，实现帮助企业方便、快捷引进新技术、新产品（新品种），合作研发新技术、新产品。

跨系统整合平台战略实施组织。其实施组织包括战略实施体系构建、战略实施导向、战略实施监督与评估等基本环节。在实施中，首先应明确战略实施的基本组织要素、技术要素、资源要素，明确实施主体的基本工作与任务；其次，在明确基本战略要素的前提下，寻求基本的战略实施路线，目前可供选择的路线有用户需求导向、技术组织导向、资源与市场化管理导向等，其要点是从某一基本问题着手，进行全面组织。同时，战略实施应有基本的监督与评估保障，目的在于及时发现问题、反馈信息、调整计划，以达到优化目标的目的。

第四节　智慧城市的信息资源整合

智慧城市建设是近年来世界各国探讨的热点话题。智慧城市是以互联网、大数据、云计算等新一代信息技术为基础，构建万物互联的城市，为城市居民提供更好的服务和更好的居住环境。由于城市各个子系统的业务数据结构不同、技术标准不同，增加了整合城市各个子系统的业务信息的难度。因此，为了实现智慧城市的发展需求，需要将智慧城市信息资源进行整合，并实现信息资源的共享。本节分析国内外智慧城市发展情况，以及我国智慧城市建设存在的问题，并在此基础上提出智慧城市信息资源整合与共享机制。

改革开放四十多年，中国城镇化快速发展，城镇化水平达到了 60%。城镇化的快速发展，城市人口快速增长，给城市的交通、供电、供水、医疗卫生、教育事业等带来重要影响，随之产生的资源短缺、生态环境恶化、交通拥堵问题日益突出。为了解决“城市病”，提出了建设智慧城市的概念。2012 年 12 月 15 日住建部发布了《国家智慧城市试点暂行管理办法》，并发布了首批国家智慧城市 90 个试点名单，全国大部分城市开始建设智慧城

市，目前我国已经有超过200多个城市正在提出或者建设智慧城市。经过几年的发展，我国智慧城市建设中显露出的信息孤岛、跨部门信息整合、信息安全等问题日益突出。我们应通过建设信息整合平台和共享机制，实现城市各个子系统的数据信息相互融合、共享，实现城市资源信息的整合。

一、各国智慧城市发展概况

（一）我国智慧城市发展现状

智慧城市是将新一代信息技术应用在城市的各个领域，实现工业化、信息化以及城市化的深度融合，解决城市发展中出现的资源短缺、城市生态环境恶化、交通拥堵等城市病，及时对城市的各项需求做出响应，提高城镇化发展质量，实现城市精细化和动态管理。我国从2012年提出要发展智慧城市，全国多个城市进行积极探索，整体处于初步发展阶段，在发展过程中缺乏统一的规划和建设模式，主要以专项项目建设为主，没有形成统一化。

（二）国外智慧城市发展现状

美国、日本、英国等发达国家在智慧城市建设上取得了一定的成绩。美国是智慧城市发展的先驱，2009年美国政府提出了智慧星球计划，在全国投资建设新一代智能型信息基础设施。美国地方政府积极与民间企业开展合作，全面改善城市交通运输系统，提高城市内外交通的流动性；整合城市各个资源和服务信息，为城市住户、商业用户安装数控计量器，收集城市水、电等使用信息，并对数据信息进行整合，了解整个城市资源使用情况，从而优化各项资源，达到节能减排的目的；完善城市通信信息基础设备，为政府公共部门、企业、市民提供更加便利的生活、工作环境；加强城市公共空间区域的安全监控，确保城市安全运行。

日本智慧城市建设起步时间比较早，早在20世纪90年代，日本开始将GIS技术应用在城市建设与管理中，并在2003年建立综合型GIS平台，实现对日本基础设施、环境、自然灾害等系统的监测，从而实现城市空间数据信息的发展。2009年日本提出了未来城市的概念，2011年日本地震以后，日本加快了智慧城市建设的步伐，通过与企业合作，地方政府将能源提供给企业或者相关产业公司，在实际项目中推进智慧城市的建设。为了加快基础信息建设步伐，日本政府整合了交通、城市规划建设、税务部门、市政部门等各个部门的数据信息，实现企业内部数据共享，将其拓展到城市其他部门数据信息共享，并建立了综合性的城市空间数据库。同时，为了确保空间数据信息安全，出台了《个人情报保护法》。

二、我国智慧城市建设中存在的问题

智慧城市建设涉及政府、企业以及个人，需要统一规划、管理运营。但是目前我国智慧城市建设过程中仍存在以下问题。

（一）各级部门各自为政

智慧城市需要各个部门相互配合，才能实现政府部门之间的数据信息共享。但是目前各级部门认为将部门业务数据信息泄露出去，会影响自身部门利益。所以不愿意将数据进行公开，给数据信息的整合和共享带来了难题。

（二）信息安全问题

如果数据信息全部公开、共享，那么可能导致数据信息外泄。智慧城市数据信息涉及政府公共部门、企业以及个人，如何确保个人、企业以及政府信息的安全，是当下智慧城市建设面临的难题。

（三）数据信息技术标准不同

由于各个部门、企业业务管理信息系统采用的技术标准不同、软件服务商不同，导致各个部门的数据信息无法实现融合。数据信息分为结构化、半结构化以及非结构化，如何将不同结构、不同来源的数据信息整合在同一平台是当下智慧城市信息整合与共享面临的主要问题。

三、面向智慧城市的信息资源整合与共享运行机制

智慧城市信息资源整合与共享运行机制包括政府组织结构、政策保障、信息整合、信息安全、利益机制等。政府组织和政策保障是实现信息资源整合与共享的前提和基础；信息整合是共享运行机制的动力，信息安全和利益机制是保障。

（一）政府组织结构机制

智慧城市的建设改变了政府组织结构，因此政府的组织结构必须根据智慧城市的发展进行转变，构建政府、企业以及公民的组织结构。从组织架构视角，政府新型组织结构需要处理政府与政府、政府与企业、政府与公民的数据信息共享。

（二）政府政策保障机制

信息资源整合与共享涉及政府各个部门、各个企业以及社会公众，如果缺乏保障机制，在推进过程中则容易受各个方面的压力，影响智慧城市建设进程。智慧城市信息资源共享保障机制包括信息公开政策、信息技术标准规范政策、经济政策、管理政策以及人才配置政策。信息资源整合与共享涉及面广，需要国家出台相关法律和政策，为智慧城市信息整合与资源共享提供法律保障；信息技术标准规范政策主要是为智慧城市共享平台互联互操作提供保障，各级政府部门和信息部门应该尽快出台相关信息技术标准规范，确定信息资源分类标准、信息资源表示符号编码标准、技术平台对外服务接口、编码规范等内容；经济政策机制是确保智慧城市建设的前提和条件，如果缺乏必要的资金投入，那么智慧城市建设不过是一句空话。因此，各级部门在智慧城市建设过程中，每年财政预算要建立专项

资金支持信息基础设施的建设。管理政策是确保智慧城市运营的有效手段，包括明确各级政府信息资源管理部门和信息中心的岗位职能和分工，明确各个部门提供共享信息的内容、范围以及规范，建立数据信息采集、加工、存储、使用与交换等管理制度。人才保障机制是确保智慧城市建设的推动力。人才是智慧城市的建设者和推动者，也是智慧城市建设的具体执行者。智慧城市建设如果缺乏有力的人才支撑，则无法推进智慧城市的建设。

（三）信息整合机制

信息整合机制就是利用现代信息技术，对现有政府信息资源、企业信息资源以及个人信息资源进行科学、系统整合并处理，从而实现政府信息资源的共享，满足用户个性化数据资源的需求，发挥政府信息资源的作用。整合后的信息资源必须达到一定的权威性、可靠性、有效性、真实性、准确性。可以通过多源异构数据整合方式，实现政府、企业以及个人数据信息共享。多源异构数据信息系统，是将不同采集设备、生产厂家、业务系统采集的数据信息汇聚到统一的平台，并根据这些数据信息特征进行存储，通过中间软件将数据信息发送到政府信息管理系统，政府信息管理系统对这些数据信息进行分析，从而了解城市各个系统的运行状态，并对其进行统一管理，按照业务需求为不同用户提供不同等级的使用权限。

（四）利益机制

由于信息整合与共享平台涉及多个主体，必须确保各个主体的利益，才能顺利推动智慧城市的建设。政府信息资源的利益机制指通过良好的制度和激励制度、各个主体达成共同意识、平衡各个主体的利益，从而达到互惠互利、共赢的目的。

（五）安全保密机制

智慧城市建设是在新一代信息技术基础上建立起来的，由于互联网具有开放性、共享性，在提供便利的同时，也存在一定的安全隐患。目前一些黑客利用计算机系统漏洞或者破译计算机的保护程序，攻击计算机系统，窃取、篡改数据信息，从而给企业和个人造成了重大损失。政府资源信息关系国家信息安全，涉及公共的个人隐私。因此，必须建立安全保密机制，确保政府数据信息的安全，用最小的风险获取最大的利益。保障政府信息在处理、存储、传输、管理过程中没有被窃取、篡改、泄露。同时，还要防止非法商人窃取公民个人隐私信息，给公民个人生活带来负面影响。

当前我国多个城市正在积极建设智慧城市，但是在建设过程中，各个部门缺乏有效的统一管理平台，导致智慧城市建设缓慢。通过整合政府信息资源，建立共享运行机制，实现各个部门业务数据信息共享。

第四章 现代图书馆信息整合

第一节 大数据环境下图书馆信息整合

大数据需要被处理后才能充分显现其潜在价值，运用图书馆信息整合是挖掘大数据潜在价值并寻找大数据优化解决方案的有效途径之一。本节在阐述大数据的内涵和特征、信息整合的内涵以及图书馆信息整合的内涵和来源的基础上，分析图书馆信息整合的价值形成及价值体现，并基于信息整合的本质构建大数据环境下图书馆信息整合模式。本节对推动大数据环境下信息整合的发展，促进信息资源的共享和利用具有一定的参考作用。

一、大数据的内涵及特征

（一）大数据的内涵

"大数据"一词来源于英文 Big Data，早在 20 世纪 80 年代由美国社会思想家托夫勒提出，他曾赞颂"大数据"为"第三次浪潮的华彩乐章"。2008 年 9 月，Nature 杂志推出《大数据》专刊，系列刊载了"Big Data：Science in the Petabyte Era"的专题文章，首次提出了"大数据"的概念。之后，"大数据"开始广泛传播，各国兴起了研究大数据的热潮。2011 年，全球知名公司麦肯锡正式提出了"大数据时代"。2012 年 3 月，美国启动"大数据研究和发展计划"（Big Data Research and Development Initiative）。4 月，美、英、德、澳和芬兰联合开展"世界大数据周"活动。7 月，日本推出关注"大数据应用"的"新 ICT 战略研究计划"。同年，我国也召开了"大数据时代，智谋未来"等为主题的各类大数据高峰论坛。2013 年，英国宣布投资大数据和节能计算技术。2014 年 7 月，欧盟委员会也呼吁各成员国积极开展大数据研究。至此，大数据的研究和应用被高度重视并不断演化和引向深入。

目前，国内外对大数据的内涵还没有达成共识。有的从大数据基本属性角度界定，如 IBM 指出大数据是满足规模性（Volume）、多样性（Variety）、高速性（Velocity）和真实性（Veracity），即 4V 特性的数据信息。国际数据公司（IDC）认为大数据是具有规模性（Volume）、多样性（Variety）、高速性（Velocity）以及价值性（Value）的 4V 特性数据集。有的从大数据的规模相较于现有的处理技术、存储方法等比较角度诠释，如麦肯锡全球研究所将大数据定义为规模大到远远超出传统数据库软件工具的获取、存储、管理和分析能力范围的数据集合。大数据研究机构高德纳（Gartner）认为大数据是需要新的处理模式才能具有更强的决策力、洞察发现力和流程优化能力的海量、高增长率和多样化的信息资产。有的基于大数据的规模、结构以及处理技术等系统视角定义，如美国国家标准与技术研究院（NIST）提出大数据是用来描述在我们网络的、数字的、遍布传感器的、信息驱动的世界中呈现出数据泛滥的常用词语。Informatica 公司首席顾问认为大数据是包括交易和交互数据集在内的所有数据集，是“复杂类型数据 + 海量数据”，其规模或复杂程度超出常用技术的处理能力。总之，不论是基于哪种视角的定义，都强调大数据不仅仅是对数据规模表面上的定量描述，更多地体现在对异源异构数据进行快速整合、分析、提取价值的技术和能力。

（二）大数据的特征

关于大数据的特征，学术界仍没有形成统一的看法。美国麻省理工学院的 Sam Madden 教授最早总结出了“3V”特征，即规模性（Volume）、多样性（Variety）和高速性（Velocity）。随着大数据研究的不断深入，一些组织和学者增加了对大数据特征的描述。IBM 在“3V”基础上添加了真实性（Veracity），形成“4V”特征。国际数据公司则认为应该是加上价值性（Value）。而霍普金斯与埃韦尔松指出 4V 特征是要包括易变性（Variability）。之后又有学者提出了“4V+1C”的特征，具体是 Volume、Variety、Velocity、Vitality 和 Complexity。综合来看，大数据的特征有规模性、多样性、高速性、真实性、价值性、易变性和复杂性。但是，目前最为统一且最被认可的特征是“4V”特征，即 Volume、Variety、Velocity 和 Value。

二、大数据环境下图书馆信息整合的内涵及来源

图书馆作为信息资源的集散中心，其在信息整合、揭示和服务方面的存在价值始终不会改变。在大数据快速发展的社会背景下，图书馆信息整合的内涵和来源也必然显现出相应的时代发展特征和要求。

（一）信息整合的内涵

信息整合主要是指通过分类法、主题词法等信息组织体系，运用分类、标引、描述、排序、建库、关联等加工手段，将不同信息源、不同信息结构、不同信息载体相对独立的信息进行集成，实现原有信息的优化配置和价值增值。信息整合有广义和狭义之分。广义的信息整合是指将无序信息集成起来，变无序为有序，实现信息有序化、共享化和价值化的过程；狭义的信息整合是指将一定范围内的多源异构信息或物理逻辑地组织起来，成为一个完整、有序的系统整体，实现信息资源的统一检索和获取。可以看出，信息整合是信息资源优化管理的一种方式，是通过一定手段实现各类信息的无缝集成、链接，使之成为结构有序、配置优化、价值最大化的有机整体。

（二）大数据环境下图书馆信息整合的内涵

大数据环境下的图书馆信息整合是要从大数据中有针对性地梳理、分析、标引、集成相关联的信息，无缝地接入各种已有的或新建的数据库系统中，实现信息资源间的有机关联。图书馆基于信息用户信息需求的驱动和自身馆藏配置的需要，面对丰富、系统的或零碎、分散的结构化、半结构化及非结构化数据，从资源内容、功能结构和检索方法等方面按照信息间实体关系进行集成、描述、揭示和关联，以形成满足不同信息检索和获取需求的信息集合整体，实现多源异构信息资源的统一访问、有效共享和便捷利用。通过图书馆信息整合，可以在大数据中寻找关联、挖掘价值、优化利用和服务用户，这也正是大数据环境下图书馆信息整合的最终目的。

（三）大数据环境下图书馆信息整合的来源

通常地说，图书馆的信息主要包含图书馆业务信息、文献信息和用户信息三个基本类型。本节所探讨的图书馆信息整合中的信息主要是指文献信息，即运用一定的方法，通过一定的表达形式记录在一定的载体上的信息总和。基于信息结构方式，大数据环境下图书馆信息整合来源主要有以下三种：一是图书馆实体信息的信息来源。图书、期刊等传统的印刷型文献资源是图书馆信息整合的实体信息源，这类信息属于结构化信息。结构化信息能够被完全数字化并能通过计算机和数据库管理技术来显性揭示和整合。实体信息经过标引后被分解成许多相互关联的数据段，各数据段间层级结构明晰，实现了从信息的结构化到关联的数据体系。随着网络的普及和信息技术的发展，纸质实体信息源已不再成为图书馆和信息用户收藏或利用信息的主要渠道。二是图书馆电子资源的信息来源。中国知网、维普科技、超星电子图书、SCI/SSCI 等由信息供应商提供的大型数据库是图书馆信息整合的电子资源信息源，这类信息属于半结构化信息。半结构化信息介于结构化和非结构化信息间，它虽是结构化信息，但结构变化很大。在图书馆电子资源网页的源对象中，包括有目标对象如中国知网，而中国知网内具体的论文、报纸、会议和图片等内容信息又在另一页面上，于是形成了上下级间一级级的源对象与目标对象关系，而这种关系间有着相同的标记，并可通过一定的取值信息获取相应信息。可见，电子资源中的信息具有一定的结构性特征，但是由于信息又存在自身描述的层次，因此，结构的变化很大。全面、系统、精要的电子资源数据库是图书馆馆藏资源的重要组成部分。三是图书馆网络信息的信息来源。通过计算机网络可以获取的各种信息都是图书馆信息整合的网络信息源。随着网络技术的飞速发展及网络共享与开放程度的加深，人们在网络上索取和存放信息变得越来越自由，于是网络中出现了大量如声音、图像、影视和超媒体等复杂类型信息，这些信息属于非结构化信息。非结构化信息的信息形式相对不固定且不能完全数字化。非结构化信息是当今大数据的主体，据统计，非结构化信息已占到当前数字信息总量的 70% ~ 85%。非结构化信息中隐藏着大量有价值的信息，如何对这些非结构化信息进行结构化的分析和梳理，挖掘其中的信息价值，是图书馆信息整合的难点和价值体现。

三、大数据环境下图书馆信息整合的价值

在大数据环境下，图书馆仍然是主要的信息承载对象。在面对多源的信息市场和庞大的信息用户群，以及由海量数据所产生的一系列信息问题时，信息整合作为图书馆发展的必然选择，能更好地展现信息间的关联及信息价值。

（一）大数据环境下图书馆信息整合价值的形成分析

图书馆信息整合价值的形成过程是一个信息不断提炼、价值不断提升的动态演进过程，将整个过程进行深层次细化，大致包括三个阶段：第一阶段是信息过滤，信息过滤是图书馆基于自身信息资源需求，从海量、繁杂、良莠不齐的大数据中进行信息分析和筛选，选取出有使用价值的信息，过滤掉无用信息。这是一个去粗取精、去伪存真、价值创造的过程。第二阶段是信息集成，信息集成是将过滤后零散的有用信息按统一的标准、规范和编码进行汇总、归纳，形成一类类的系统信息整体，发挥信息资源的整体化效用，实现零散的信息资源转变为整体高效的信息价值。这是一个化零为整、化散为合、价值凸显的过程。第三阶段是信息优化，信息优化是在信息集成的基础上，进一步对已有信息进行再分析、再梳理，建立不同信息集群间的关联体系，实现相关多元信息的有机融合并优化升级，促进信息传递、检索和运用达到最佳效果的状态。这是一个由表及里、由此及彼、价值升华的过程。

（二）大数据环境下图书馆信息整合的价值体现

大数据环境下图书馆信息整合的价值体现包含三个层面：在信息整合过程中，由所凝结的各信息主体的信息劳动而直接体现出的最基本的信息价值；将有价值的信息运用于生产和工作，在信息流通和消费的共同作用下实现信息的经济价值；由信息价值和信息经济价值的合力作用，增强图书馆的竞争力，提升图书馆的存在价值。具体表现在以下几个方面：

1. 满足平台需求，实现大资源服务

当前，随着云计算技术的日趋成熟，在面对信息量几何倍数增长及各种类型数据库不断开发的形势下，为信息用户提供高效、便捷、快速的云服务，已成为图书馆平台服务的主要模式，而信息整合与运用则是平台云服务中满足信息用户信息需求的主要方式。同时，通过图书馆信息整合可以增强信息间的关联性和因果性，以此降低在信息检索和获取过程中对云服务平台性能、云资源和应用实时性的需求。此外，信息整合也是将云计算技术与信息用户信息需求相整合，实现图书馆大数据信息资源向大资源服务转变的重要途径，从而发挥并提升信息的整合效应，体现图书馆信息整合中的信息价值。

2. 消除信息孤岛，有效过滤集合

在大数据环境下，各领域的信息系统层出不穷。然而，由于来源异构、结构异构、平台异构和标准异构等原因导致各信息系统间相互独立，出现“信息孤岛”。同时，大数据

资源存在大量零散、过度冗余、鱼龙混杂的现象，直接带来了信息用户的信息获取困难和信息需求难以满足，导致信息用户相对性的信息匮乏。通过图书馆信息整合，对大数据资源进行有针对性的过滤和有目的性的集成，为信息用户提供有效用、有价值的信息并使信息互联互通、资源共享，实现分散于各系统的信息资源间的平滑流动与协同共享，正是图书馆信息整合信息价值的体现。

3. 对接信息需求，优化信息成本

在大数据环境下，信息用户的信息需求呈现多样化、个性化的特点。图书馆通过信息整合，能有效地分析和梳理大数据，挖掘及开发大数据的潜在价值，并基于准确判断信息用户的信息需求，优化配置相应的大数据信息服务资源，实现信息供应与信息需求的直接对接、较好匹配。同时，在信息供需上较为精准的对接，也必然提高了图书馆服务信息资源的价值密度和信息可用度，降低了图书馆在信息资源配置及信息用户在信息获取上的成本，优化了信息流上各信息主体直接或间接的经济效益，产生信息资源应用上的经济性，凸显图书馆信息整合中的信息经济价值。

4. 运行高效管理，提高服务质量

在大数据环境下，一方面是多源、异构、多维的信息资源，另一方面是多元、碎片、个性的信息需求，这就对信息服务平台的信息管理和服务效率提出了更高的要求。图书馆通过信息整合，能精练聚合信息资源和精准识别信息需求，实现平台信息流程的高效运行，增强信息资源的利用率和信息服务的实效性。有效的信息整合带来了高效的流程信息管理和高质量的信息服务，发挥出各种资源的最佳使用效益和服务的整体效益，进而提升图书馆信息服务的经济效益和社会效益，显现出图书馆信息整合中图书馆的存在价值。

四、大数据环境下图书馆信息整合模式

图书馆信息整合是在大数据环境下信息用户的信息需求不断膨胀的过程中日益凸显其作用的，构建合理的信息整合模式是实现信息资源最佳配置、充分利用进而促进信息不断增值的重要条件之一。

（一）大数据环境下图书馆信息整合的本质

按照哲学的基本观点，任何信息之间的相互联系和相互作用都是普遍存在的，大数据环境下图书馆信息整合正是以信息间的相互关系为前提和整合目标的。这里的信息包括信息实体及信息实体相关特征，信息关系包括信息实体间关联以及信息实体相关特征间的关联。信息实体间及信息实体相关特征间相互关联的状态是客观存在的，但由于信息实体结构的多样性、复杂性，彼此间的相互关系容易被隐藏或割裂。因此，大数据环境下图书馆信息整合的本质就是要将隐藏在各种异构信息实体间及信息实体相关特征间的关联进行显性化揭示和链接，实现信息实体及信息实体相关特征间的有机关联。

（二）大数据环境下图书馆信息整合模式的构建与解析

大数据环境下的图书馆信息整合要求既基于多源异构的信息特点，又从服务信息用户的需求出发，实现信息资源和信息服务的有机整合。基于大数据在图书馆信息整合中的流程，即大数据从数据源传递到信息用户的过程，以及整合过程中各要素所发挥的作用和所处的层级不同，构建了大数据环境下图书馆信息整合模式。

底层是物理层。物理层是系统运行的软件和硬件环境，为图书馆信息整合提供了可靠支撑。物理层涉及整合过程所需要的各种互联设备、传输媒体和信息技术，包括计算机、视频通信、语音通信等互联设备，无线信道、平衡电缆、光纤等传输媒体以及物联网、云计算、数据库技术等信息技术。物理层的存在为信息资源的分布存储、动态整合、任意链接、随时调取、交互流动，为实现信息系统间的共享、互联互通、互操作创造了物理条件和技术支撑。

基础层位于物理层之上，提供规范的信息资源描述标准，为更上层的信息整合与跨数据库互联互访提供基础性支持。基础层包括元数据、XML、分类法和主题词表等数据描述语言。其中，元数据以一套通用的编码规则来处理多源、异质、异构的信息资源，将其归纳到统一的标准体系中；XML 适合万维网信息传输，提供统一的方法来描述和交换独立于应用程序或供应商的结构化数据；分类法和主题词表分别基于标准的分类目录体系和直接体现事物对象分类的标识系统来实现各种信息资源的规范化。只有遵循统一信息描述标准形成的有序数据才能产生无限的价值。因此，基础层是前提。

基础层之上是整合层，整合层被细分为三层：第一层是数据层。面对纷繁复杂、多源异构的外界大数据信息源，图书馆通过人工采集或借助信息采集软件，筛选出馆藏配置所需的海量原始数据，形成临时数据库。临时数据库里的信息先经过过滤和清洗，过滤噪声、污染信息、清除错误、冗余信息，仅将有价值、可用性强的信息提取并存储下来。然后，按照数据的采集来源和数据类型等，区分数据为结构化、半结构化和非结构化数据。规范区分数据类型为进一步的信息整合做好前期的数据存储准备。功能层位于数据层的上层，也就是实现对异质异构信息的整合。面对结构化、半结构化和非结构化数据，不同结构数据集合里的数据存储是丰富且初始的，它们之间没有逻辑关系，需要进行面向信息资源的信息关系整合。对于结构化数据，采用基于本体和 OPAC（联机公共检索目录）的整合模式，这种模式主要针对传统馆藏资源的整合。先是进行题名、责任者、出版者、内容描述、主题词和分类归属等多个标记元素的编码化和显性化处理，使各种异质的结构化数据以一条条记录的形式存储在计算机上，接着借助领域本体这种专业性的计算机可读的形式化语言来表示概念及显示概念间的相互关系，以形成各学科领域归属的各类型数据库，如馆藏图书数据库、期刊数据库和光盘数据库等，然后再通过 MARC 数据中的相应字段来链接和揭示相关联的信息，并基于 OPAC（联机公共检索目录）将图书、期刊、光盘等信息资源整合在一个数据库中，实现图书馆本地结构化信息资源的纵向整合。对于半结构化数据，采用基于链接和跨数据库的整合模式，这种模式主要针对图书馆电子资源的整合。先是通过超文本链接技术，将不同来源、不同级次的有内在关联的信息按相同载体整合起来形成各类型异构数据库，然后再基于跨数据库整合为多个分布异构的数据库，提供统一的检索界面和信息获取通道。如图书馆中的中国知网电子资源，采用基于引文和知识元的链接，将不同页面上的信息节点链接起来以形成非线性的超阅读文本，实现从一个文本链接到相关文本，从一个页面跳转到另一个页面的随意组合链接。同时将期刊数据库、博士学位论文数据库、硕士学位论文数据库、报纸数据库和会议论文数据库等分布异构数据库中的数字资源进行关联，实现异质异构信息资源的一站式跨库、关联检索获取和自由重组。对于非结构化数据，采用基于资源导航的整合模式，这种模式主要针对图书馆网络资源的整合。先是评价和筛选出内容真实可靠、价值密度高的网络信息，然后对分散在各处的网络信息进行资源名称、资源类型、内容简介和关键词等内涵及外延的深层次描述与揭示，并采用学科或主题等分类系统进行分类，最后按照字母、主题等对标引好的网络信息进行整合、排序、归入相应类目，建立资源导航数据库，提供多检索途径的网络资源站点链接。在对各结构类型数据采取相应的模式整合后，还要进行面向信息用户的基于信息门户的整合，这是图书馆服务模式实现以信息为中心向以用户为中心转变的体现。根据信息用户的信息需求，将存储于图书馆本地的内部数据库资源、具有使用权的异构数据库电子资源和外部可公开获取的网络信息资源进行有机组织、链接并整合到一个统一、稳定的数据资源仓储系统中，实现图书馆内各结构化信息资源间的横向整合。

界面层位于最顶层。在数据资源仓储基础上，规范相应的开放接口和规定相关的协议标准，并通过图书馆网站展现信息门户界面，提供浏览、检索、咨询等完善的一站式资源服务体系。信息用户通过单一的检索表达，就能在各异构数据库信息集合中得到响应，获取各结构类型的相关信息聚合服务。信息管理者能在该层完成对图书馆信息门户网站的系统维护、更新，信息资源的调度、应用以及信息用户的咨询反馈。界面层实现了聚合信息资源、信息服务和信息利用的动态机制。

信息整合的最终目的是为了更好地促进信息利用和服务信息用户。图书馆采取既面向信息资源又面向信息用户的“多元”信息整合模式，有利于大数据环境下信息资源的挖掘和利用，让大数据能更有效地发挥其价值、服务于社会。随着信息技术的日益发展和信息服务理念的不断更新，图书馆信息整合将向着综合一体化的整合模式发展。

第二节　知识联盟图书馆信息整合

当今社会是一个飞速发展的社会，图书馆的发展也由以前的粗线条逐渐向着细致化、多层次化发展。原先的单方面信息知识交流已经向着双赢的方向不断发展。近年来，随着科研开发的成本和风险不断升高，越来越多的图书馆选择组建知识联盟来共享知识，降低科研开发的成本和风险。知识联盟是战略联盟的一种，是从知识的角度来进行联盟的一种合作方式。在知识联盟过程中，知识共享是知识联盟中合作双方进行知识创新和知识积累的关键。但知识联盟的各方在知识共享方面是一种博弈关系。知识共享的内容极其复杂，本节将讨论知识联盟图书馆知识共享行为的内在机制，从而建立一个更加优化的整合体系。

在当今社会经济全球化和知识产业向资源化发展的阶段，以知识形态为主体存在的信息资源已经成为图书馆生存和发展的首要因素。而且随着全球经济一体化的来临，图书馆必须面对一种以多样化和不确定性为主导的竞争环境，图书馆要快速成长起来，就要利用其他馆的技术和知识优势，建立知识联盟发展自身的知识优势，要合理地利用知识联盟的信息资源。

当前图书馆之间的竞争需要更加关注信息资源创造、扩散和使用效能的竞争，确保图书馆走上知识管理的新层次。因此，开发信息资源是提高图书馆核心竞争力的重要基础。加强图书馆信息资源开发可以为图书馆的技术创新和知识创新创造更多的有利条件，对图书馆发展具有非常重要的作用。

一、知识联盟分析

（一）知识联盟的内涵

近年来，人们对知识联盟的概念、特征、动机、构建机制等方面进行了较多的探讨，但对知识联盟图书馆的信息资源开发关注程度不够。面对日新月异的生存环境，知识联盟图书馆要获得持续的竞争优势，必须积极开发信息资源，以促进图书馆的不断发展。

1. 知识联盟的定义

21 世纪是知识经济时代，图书馆对信息资源的重视度不断提高。合作伙伴共享信息、共同进步知识联盟的兴起，顺应了 21 世纪用户对信息资源的巨大需求，成为图书馆联盟发展的新趋势。

知识联盟概念的产生源于贝克尔（Becker）和墨菲（Murphy）对知识分工模型的研究，他们将知识生产的累积效果引入企业劳动分工与经济增长的分析之中并提出了知识联盟的概念。知识联盟是知识经济时代为适应外部日益激烈的竞争环境而兴起的一种新的战略组织模式，是从知识角度来分析联盟的动机与内容，是一种全新的知识集约关系。知识联盟是企业战略联盟的高级形式，是指企业在实现创新战略目标的过程中，为共享知识资源、促进知识流动和创造新知识，与其他企业、大学和科研院所之间通过各种契约或股权而结成的资源优势互补、风险共担、知识要素双向或多向流动的松散型结盟组织或利益共同体。

目前相关学者已从多个角度对知识联盟进行了研究，如，知识联盟是战略联盟的一种，是从知识的角度来分析联盟的动机与内容。广义地说，它是指企业与企业或其他机构通过结盟方式，共同创建新的知识和进行知识转移；将知识联盟视为一种新型的合作创新模式，因分担研发风险，实现研发活动的规模经济和范围经济而大大提高了知识创新效率。总体来讲，目前学者对知识联盟的理论研究已经进行了一些深入探讨，但对知识联盟在实际应用中面临的知识资源整合的关键问题，即知识共享问题涉及很少，而这一问题又是解决知识联盟中知识资源整合，实现组织内外知识创新的关键。

2. 知识联盟的优势

图书馆实行知识联盟时获取信息的方式，主要有内部开发和外部获取两种重要途径，这两种途径各有缺点与不足。

（1）内部开发资源。内部开发资源需要图书馆自己投入资源产生知识，伴随着资源的产生，往往是大量的人力物力和实践方面的投入。对于单个图书馆来说，这些往往是不能够接受的。而且当今社会是一个信息技术高速发展的社会，自行进行信息资源的开发，基本上是不可能接受的。

（2）外部获取资源。外部获取资源主要包括向其他单位购买，与其他图书馆或相关情报机构建立联盟关系等等。向其他单位购买的知识往往只是表面文章，并不能够完全地与自身的需求相适应，甚至产生“水土不服”的特征。而且购买的信息往往会对图书馆的原有组织关系和价值观念产生破坏，降低馆员的凝聚力和信任感。

知识联盟可以使图书馆在获取信息时，实现风险小、学习成本低、学习灵活、学习效率高的优势，同时知识联盟允许联盟图书馆之间进行更加直观和更加贴切的交流与沟通，使得许多的隐性知识得到交流和沟通，交流双方通过不断的学习沟通交流，实现信息的最大化传递，同时双方在交流中各自的观念也有了很大的交流，在更深层次上产生了共鸣，使双方实现信息的有效转移。

知识联盟在使图书馆得到隐性知识的同时使其得到一部分的交叉知识，使图书馆得到更多的资源。总而言之，知识联盟会使一个图书馆的核心能力得到显而易见的加强。

（二）知识联盟的信息资源优化方法

随着全球经济一体化的来临，图书馆必须利用先进的技术和理论优势，建立知识联盟参与竞争并发展自身的竞争优势，要合理地利用知识联盟的信息资源。如何才能有效地利用好信息资源，其信息组织模式是关系能否到达资源共享的关键所在，因此必须加强其信息资源组织模式研究，实现知识联盟的目的。知识联盟图书馆是指图书馆为了能够获取其他组织的技术和能力，同时可提供创新的知识而自愿达成的一种长期联盟方式，其目标就是学习和创造知识，实现联盟伙伴共同受益。而联盟的成功与否，取决于知识的转移过程效率，而信息资源的合理利用则是提高知识转移效率的重要原因。知识转移是知识联盟的核心，知识联盟主要通过知识要素的流动来实现各方核心能力的连接与融合，在交互学习中提高各自的创新能力。

知识联盟图书馆是为了共享知识资源、促进知识流动、创造新知识的目的而结成的优势互补、风险共担的图书馆联盟组织。如何开发信息资源，促进知识的共享和转移对于知识联盟图书馆来说至关重要。如何有效地开发信息资源是保证知识联盟图书馆持续成功的重要手段。知识联盟图书馆信息资源开发就是从信息化和信息资源开发视角来研究知识联盟条件下的图书馆等联盟主体自身的信息资源开发，以及通过联盟主体交互作用产生的知识联盟整体的知识创新和信息资源开发的问题。知识联盟图书馆必须合理、充分、有效地开发信息资源，使信息资源的价值真正得以实现。

1. 打造优良的基础设施

图书馆信息化的关键是知识联盟图书馆信息资源的开发，而最关键的是要有计算机网络的支持。①开发信息资源，建设高质量的知识传播网络是图书馆首先要做的事情，一方面应提高对计算机基础设施建设的投入，建设一个更加有效的图书馆内部网；另一方面，全力构建联盟信息资源库，促进图书馆知识自我生成系统的建设与实行，当然对领域内的最新科技进展也要时刻关注。此外，要结合网络上信息交流的有效场所，如 BBS、电子社区等，方便知识联盟图书馆内部的信息交流。②树立正确的信息价值观，营造一种统一的联盟信息文化。知识联盟图书馆内部馆员要提高对信息、信息资源、知识及其价值和重要性的认识，确立一种信息资源观念，让信息资源在知识联盟运行、管理和发展中的作用得到完全体现。知识联盟领导者应明确信息资源是知识联盟战略资源中相对重要的一部分，并根据联盟发展战略和客观环境把对信息资源的开发作为一项长期系统的工程进行统筹规划。联盟内不同背景文化的成员馆之间要把进行良好的沟通放在一个极其重要的位置，联盟的管理者要清醒地认识到联盟者间的文化差异。通过一定跨文化的培训，将行为和策略的透明度加以提高来努力消除彼此的隔阂和陌生，使各种文化在联盟中得以渗透和交融，逐渐形成一种统一的、各方所信任的信息文化，为知识联盟图书馆信息资源的开发打造良好的基础。

2. 重视智力资源的建设

作为知识形态存在的信息资源在开发时会经历发现、提取、加工、创新等一系列由繁杂到规则的过程，这就对知识联盟图书馆产生自我知识资源、提高自身信息加工能力提出了要求。知识联盟图书馆首先需要存在于内外部的各种知识信息，以及应用先进的计算机、信息手段，对各种信息资源加以系统的编码、分类、加工和提炼，形成一种归联盟专有的、具有一定规模的、具有动态发展潜力的知识资产。另外尤其重要的是，联盟要持续提高自己的信息交流和知识共享能力。通过建立图书馆自己的信息库，即信息管理人员收集内外用户的信息提问并进行解决，收集联盟成员所共享的知信息资源、知识技能和团队工作经验，把这些具有隐性特质的、不易保留的信息保存为显性知识，实现知识联盟图书馆信息和知识的传递和共享。同时通过各种先进的信息通信手段，如电子邮件和虚拟社区等进行信息交流。这样，知识联盟各方频繁而广泛的信息交流增加了联盟的密切度，有利于发掘更多合作机会。

3. 注重人力资源的开发

人力资源管理信息化是图书馆信息化的一项重要组成部分。不论信息技术如何先进，信息资源开发的操纵者始终是人，信息交流、信息服务、信息组织、知识转移、知识创新等也必须由人来实施。知识联盟图书馆一方面要通过信息共享、信息传递等机制，加强联盟图书馆员之间的沟通和交流，不断培养馆员的信息素质，培养知识型馆员；另一方面加大对人才的保护力度，提高馆员的成就感，实施各种人才激励制度，提高馆员的工作积极性和知识创造性，通过不断地发挥馆长的才智来生产新的知识。

二、知识联盟图书馆信息整合现状分析

（一）知识联盟图书馆信息整合定义

信息资源整合是为了实现知识联盟图书馆的目标和宗旨，运用各种现代信息管理的理论、技术和方法，对各个相对独立的数字资源系统中的数据对象、功能结构及其互动关系进行融合、类聚和重组，从图书馆发展战略高度把各种类型的信息加以科学管理，重新结合为一个新的有机整体，形成一个性能更好、效率更高的新的信息资源体系。在知识联盟背景下，一方面，如何才能更加充分有效地开发利用信息资源来强化竞争优势；另一方面，图书馆必须确定与用户及联盟伙伴之间的关系，并据此改变图书馆的内外信息联系方式。所以，在知识联盟图书馆中合理、优化配置信息资源，构建符合时代需求的信息资源组织模式已迫在眉睫。

（二）知识联盟图书馆信息整合新要求

1. 科学性原则

首先是使用先进科学的方法来对信息资源的分布规律进行研究，当确定重点信息对象之后，要对信息资源的研究领域充分了解、深入浅出、发现目标、运用情报分析的方法，将正确的信息提供给部门；其次是必须要用科学的态度对那些缺乏有效监督的信息资源进行选择，去伪存真、去粗取精，加强信息组织的针对性。信息量过少会导致信息资源匮乏，不能真正满足用户信息需求；过量的信息会使得信息超载造成信息冗余，用户面对海量的信息将无从选择。因此，只有让信息资源保持在一个适中的水平，才能使用户既不感到信息缺乏，也不感到茫然失措。

2. 系统性原则

信息资源只有系统地、连续地进行整合，才能发挥效用，尤其是重点或特色资源，决不能时断时续、支离破碎、不成系统，每一种信息只有当它是整个信息集合体的一个有效组成部分时，才能充分发挥其潜在的能量。

3. 效益性原则

信息资源整合的效益性，包括社会效益和经济效益两个主要方面，社会效益是指信息的使用所产生的有益于社会进步的效果，具体表现在信息资源的完整性、及时性上，给用户所带来的方便与满意程度，信息资源对社会持续发展所起的促进作用等。经济效益是信息资源整合长久发展的深层次动力，具体来说是指在共享过程中注重信息资源成本的节省、防止过度的共享、共享范围的选择、开放的信息共享系统的构建及信息技术的改进等。

三、新的信息整合体系的构建

（一）图书馆自身的转变

1. 完善内部管理机制

我国一些图书馆管理思想和方法较为落后，没有形成积极学习的文化氛围，图书馆缺乏凝聚力和内在发展动力，与构建知识联盟的要求不相适应。图书馆要改变多层次的垂直管理结构为简单化的组织层次，实现组织结构柔性化、保持灵活性；建立起有利于知识的分享、学习和创造开放性的图书馆文化；使拥有相关知识的人获得应有的决策权，鼓励知识开发和共享的激励机制等，使内部管理机制适应组织学习的需要。

2. 培养和提高学习能力

目前我国图书馆的知识生产能力严重不足、知识存量不多、强有力的竞争性知识资本较少，不能适应知识联盟的学习需要。应强化学习意识，增强知识生产能力，才能从根本上提高竞争力。要建立图书馆内部的知识库，内容包括专利、人力资源状况、各部门资料、用户信息等，可以通过网络进行查阅，供馆员学习使用，用来帮助实现内部知识的共享。采取有效的手段，营造持续学习的文化氛围，建立一个有利于馆员学习和交流知识的环境，使馆员积极主动地为图书馆发展而学习，提高学习效率和学习质量。鼓励多元化发展，吸收各方面的不同意见，在图书馆内部形成良好地适应各种变化的机制。开发知识资源，注重对馆员的培训，加大对培训的投资，增加馆员队伍的知识含量，并在此基础上实现共享，转化为图书馆的知识资本。培养团队意识，更多注意团体学习，鼓励合作开发和创新，从更深的层面上实现知识的共享和交流。加强资源信息化，促进信息技术的推广与应用。先进计算机技术及信息技术的采用可以提高知识的获得和使用效率，加强图书馆信息化，建立一套完善的图书馆信息处理、传播反应系统，同时这也将是进行知识联盟的技术基础。

（二）政府对信息联盟建设的调控作用

在政府宏观指导的基础上，对联盟的共享资源进行科学、合理的分配与管理。知识联盟的发展需要一个好的制度环境，政府要为联盟创造一个良好的制度政策环境，发挥应有的协调职能。目前来看，国内图书馆联盟显得不够积极，相对较少，且存在规模较小、领域狭窄、联盟层次较低等问题。对此，政府要引导图书馆提高对联盟的认识和加强合作意识，积极推动国内图书馆间发展多种形式的联盟，提升联盟层次。

（三）建立区域图书馆联盟，构建第三方知识联盟平台

建立区域图书馆联盟，构建第三方知识联盟平台，是指区域内各成员馆共同出资、共同承建、共同管理，真正做到配置合理，资源共享为目的而建立的受一定的法律和合同共同约束的区域联合体，其所有权归各成员馆共有。

1. 需求分析

随着信息技术突飞猛进的发展，许多专家认为，第三方图书馆知识联盟平台的发展是未来25年内世界经济发展的一个推动力，是世界经济向知识经济转变的重要推动力。它融合了计算机和网络的信息，作为一个更有效的载体，为未来图书馆的发展提供了无尽的便利。所以，运用计算机技术和网络技术建立的第三方信息平台，为图书馆知识联盟信息整合体系的构建提供了很大的便利。第三方信息平台是将各个图书馆的各种信息资源传递到网络上，从而借助网络这个有效的平台完成各种交流，资源互通、信息共享。通过该平台可以将自己的信息推向全国乃至于国际。

构建第三方知识联盟平台，必将会对信息整合产生巨大的推动作用。平台可以融合交易双方或者是流程上下游图书馆的信息资源，进行资源合理分配，实现信息的有效整合。

2. 实现功能

注册登录功能，图书馆可以在系统上进行注册，填写自己的信息、用户的需求等。

搜索功能，依据此功能，图书馆可以找到自己需要的信息或者找到与自己有业务交流及信息交流的图书馆或情报机构。

建立连接功能，图书馆可以与自己的合作伙伴建立有效连接关系，将其设置为自己的关键图书馆。

信息交流功能，这是本系统最关键的部分。这里的信息交流并不是单纯的信息之间的传输和发送，这里必须是一个完整而有效的系统，各成员馆相互之间通过这个部分将自己的信息系统进行互相连接，通过一定的安全机制，在保证自己的信息安全的基础上，对不同来源、不同层次、不同结构、不同内容的知识进行综合和集成，实施再建构，使单一知识、零散知识、新旧知识经过整合提升形成新的知识体系，完成信息的充分交流，以便更好地满足用户的信息需求。在新的信息环境中用户不再仅仅充当信息接受者的角色，同时也是信息的生产者、传递者，用户通过知识联盟平台进行科学交流来实现知识、信息的传播，满足了自身的信息需求；同时，用户通过吸收信息而创造出新信息、新知识并与其他用户共享，在信息交流与共享中用户也扮演着信息服务者的角色。

知识共享功能，这是本系统最终要实现的目的。其基本思路是先进行各成员馆内部的资源整合，在此基础上再进行与其他成员馆的资源共享整合，在联盟中每个成员馆都可以视为一个整体上的资源集合，向中心节点提供标准元数据，中心节点则包括联盟内所有资源的元数据和检索服务的索引数据。作为各成员馆的用户，其面对的是一个本馆所有资源的整合体，而不是单个分散的数据库，用户可以在一个数据检索平台内检索本馆的全部资源。而作为联盟的用户，其面对的也是一个整体上的联盟资源集合，也可以在一个系统中检索联盟中全部的共享资源。

以上几项功能只是笔者设计的知识整合平台体系的重要部分，并且只做了简单的分析，还有待今后做进一步的研究以加完善。

知识联盟图书馆建立的根本目的还在于促进资源共享，降低数据资源建设或购置的成本，提高资源的服务效益和贡献率。实践证明，图书馆构建知识联盟整合体系，可以联合各成员馆的优势进行资源的优化组合，充分利用计算机网络技术和信息技术，真正实现资源共享，从而使联盟的整体功效不局限于简单的 1+1=2，而是取得 1+1 ＞ 2 的放大效应甚至乘数效应。目前，国内图书馆建立的知识联盟信息整合体系仍然不是很完善，一些图书馆虽然建立了知识联盟信息整合体系，但由于自身及其他原因的作用，建立了知识联盟整合体系却不能完全发挥自己的作用，信息不能够完全有效地利用，不能达到信息利用的最大化。

第三节　数字图书馆信息资源整合

随着网络信息化的迅猛发展，传统图书馆的数字信息资源不断地得到补充和完善，图书馆数字化发展趋势越发明显。为了使图书馆充分发挥其职能，更好地服务于社会，为读者提供全面的信息资源就显得极其重要。本节简要阐述数字图书馆背景下信息资源整合的内涵、意义、现状、发展前景等，进一步提出数字图书馆信息资源整合的方法，为加快图书馆信息资源整合提出解决对策。

一、数字图书馆的内涵及进行信息资源整合的意义

（一）数字图书馆的内涵

数字图书馆就是针对不同的网络环境，通过异构操作系统之间的数据库资源，完成分布式管理，进而实现资源数字化，并将这些数字化资源转换为针对用户的智能服务，满足用户对信息的需求。由此可以看出，数字图书馆应当具备三大基本要素：信息资源数字化、分布式管理、智能服务。信息资源数字化是指将图书文献内容转化为计算机语言存储在计算机终端中，用户根据实际需要通过计算机进行搜索查找，在检索的过程中，计算机能有效甄别信息正确与否；数字图书馆分布式管理则保证了在用户对信息资源进行搜索时，能有效分布到计算机终端中的所有信息，即使是对异构系统下的数字图书馆也不会造成影响，分布式管理有效保障了所有类型的信息数据都能够统一进行管理；智能服务是用户快速准确地从大量数字化资源中检索到自己所需信息的重要保障，严格贯穿于前面两大要素的实施过程中。

（二）数字图书馆进行资源整合的意义

知识经济要实现发展，必然离不开数字图书馆对信息资源的数字化整合，数字图书馆进行资源整合也符合图书馆未来发展的需要，具有多方面的重要意义。

有利于促进文化传播，实现文明传承。数字图书馆资源整合有利于促进文化强国建设进程，一方面能够将图书馆的受众扩大到社区、家庭等任何普及信息技术的地方，人们将

更愿意接受数字化的信息资源，促进图书馆文化传播职能的实现；另一方面用户可以自由选择时间、地点阅览信息资源，有利在全社会形成一种学习的风气，全面提高人们的学习能力和综合素质。

促进数字图书馆信息利用与利益的最大化。数字图书馆资源整合能够有效提升图书馆的信息服务能力，确保图书馆的信息资源得到充分利用。在网络信息化高速发展的今天，所有信息的传播基本上都离不开信息和网络。通过科学、系统的资源整合，能够有效实现图书馆文献资源和各种信息资源的共享，大大提高信息资源的利用率，不仅可以实现数字图书馆信息利用的最大化，而且可以实现数字图书馆利益的最大化。

多样化的信息形式能够提升用户的文化品位。整合后的信息资源不仅包括纸质书刊，更能生成多样化的信息形式，如当下很流行的音频资料、视频资料、读书类 APP 等，这些信息形式更能吸引年轻受众群体。不同的用户可以在线上与图书馆取得联系，或者在任意电脑终端登录数字图书馆进行资源查阅，与此同时，图书馆还能通过抓住不同年龄受众群体的心理特征，设计具有吸引力的信息形式，扩大用户的阅读面。

二、数字图书馆信息资源整合现状浅析

由于数字图书馆在我国起步较晚，参与投入方主要是政府，或免费或有偿供读者使用。截至目前，我国数字图书馆建设已取得一定成果，但也存在不少问题。由于数字图书馆的标准模式缺乏建构性和系统性，导致我国数字图书馆在一定程度上处于不成体系的、零散的状态，这种缺乏规范性标准的发展现状对数字图书馆信息资源整合的利用和传播都是十分不利的。各图书馆之间难以建立有效联系，无法进行高效的资源信息共享，形成了数字图书馆难以进行资源整合的局面。缺乏规范性的标准还体现在资源数字化所使用的软硬件选择及使用界面上，由于缺乏信息意识，不同的系统会出现信息冲突，严重阻碍了用户对信息资源的有效利用和共享。

信息资源整合需要强大的信息技术做支撑，只有在信息技术的发展和不断完善中及时处理数字图书馆资源整合过程中实际出现的问题，才能使数字图书馆平台不断得以完善，进而确保数字图书馆平台能够进行有效升级和更新，促进数字图书馆的稳定发展。

三、发展数字图书馆信息资源整合的前景

从当前的发展形势来看，数字图书馆进行信息资源整合的发展前景较好，这是由以下三个方面的因素促成的：一是用户不断增长的个性化需求。二是新时代下社会精神文明的需求。三是人们有效利用社会资源的实际需求。只有不断推动数字图书馆进行资源再整合，切实加快数字图书馆信息资源规范化和系统化的发展，才能优化数字图书馆数据信息的运用，高效利用好数据资源，促进数字图书馆的全面发展，这也是新时代精神文明发展的必然要求。

（一）具有广阔的市场空间

随着改革开放的深入，我国经济总量增长态势良好，人们的生活水平不断提高，在物质基础得到改善的情况下，人们的精神需求也在增长，但我国国民的精神文化建设却明显滞后。当前，人们的生活、工作和学习都已经离不开信息技术，数字图书馆作为人们学习的主要阵地更是如此。数字图书馆能够利用先进的信息技术，不受环境、地域等传统因素的影响，快速准确地为用户提供他们需要的信息，使用户体验到高效简洁的检索过程。同时，数字图书馆可以打造有特色的个性化服务，根据用户喜好和差异等提供多元化服务，并在这个过程中不断探索用户感兴趣的潜在信息及其价值，缩短用户与数字图书馆之间的距离。

（二）拥有广泛的用户群体

数字图书馆能够不受时间、地点等因素的影响，随时随地为用户提供信息服务，已成为当前非常流行的一种阅览和学习方式。广泛的用户群体是数字图书馆不断进行信息资源整合的动力，不同的用户有着不同的个性化信息需求，唯有通过不断完善数字图书馆信息平台，对图书馆信息资源进行规范系统的整合，才能让广泛的用户群体从数字图书馆中获得良好、深刻的使用体验，信息资源整合的优势使数字图书馆越来越受到人们的认可和喜爱。

（三）不断完善的技术支撑

创新和完善的技术支撑是数字图书馆不断发展的动力和前提，也是数字图书馆发展过程中信息资源整合现存问题的有效解决手段。数字图书馆的发展离不开计算机网络通信技术的发展，反过来，计算机网络通信技术的发展能促进数字图书馆的高效发展，同时也能提升数字图书馆进行信息资源整合的能力。

四、数字图书馆高效整合信息资源的策略初探

（一）不断完善通信技术，有效推动资源整合

网络通信技术是支撑数字图书馆进行信息资源整合的根本，只有不断完善、升级计算机通信技术，满足数字图书馆信息资源整合的根本需要，才能有效推动资源整合的开展。随着信息技术的不断升级和更新，如何利用好这些技术去推动数字图书馆进行信息资源整合是目前人们应该重点考虑的问题。笔者认为，图书馆需要对越来越趋于完善的技术进行整合，重点是将数字图书馆的软件技术进行科学规范的整合，不断建立数字图书馆良好的运作机制，在进行科学化、规范化的整合过程中，充分融入图书馆信息资源，再通过专业平台使资源整合优势凸显出来。

（二）优化信息导航与检索，抓好整合关键

用户在进行数字图书馆体验时，信息导航与信息检索分类能够带给用户最直观的使用

体验，不断规范信息导航及信息检索分类将会大大提升资源整合的实效。一般来说，图书馆可以通过对资源分类和查找方式进行数字化整合，将错综复杂的信息资源整合成一个资源网，按照资源类型的不同，将资源按照一定的规律排列起来，基本实现在庞大数据库的基础上建立行之有效的信息导航和检索模式。对于整合后的资源，用户可以按照自己的喜好和实际需求进行个性化检索和查找，操作起来会更加便捷。

（三）整合特殊门类知识，提升资源整合实效

网络信息资源是一个庞大的知识系统，部分用户仅对某一类型的知识有特殊需求，通过整合这些相对冷门的知识，能够实现数字图书馆资源整合“零死角”，有助于切实提升资源整合实效。图书馆通过设立特殊知识门类，能够为用户提供更专业、更深入的知识，使用户获取质量更高的信息。反过来说，这部分冷门知识如果被充分利用，也会促进数字图书馆的信息资源“活”起来。

信息资源整合的核心问题是整合机制，随着资源整合理论和整合实践的不断发展，资源整合机制也在不断得到完善和进步。网络信息技术的日益成熟加快了我国图书馆的数字化进程，资源共享成为图书馆界共同的愿望，而资源整合是实现资源共享的基本途径，对加快我国数字图书馆的建设具有重大意义。同时，进行资源整合也是大数据时代背景下拉动我国经济文化稳定快速发展，提升我国综合国力的必然要求。

第四节　图书馆网站政府公开信息整合

政府是国家政策的制定者，是国家发展方向的导引者，同时政府掌握了社会绝大部分信息资源，政府的信息公开与整合对民众了解政策导向与社会发展方向具有重要的作用。这就需要合适地公开信息发布与品牌整合，但是新闻媒体等平台的时效性较强，而很多国家政策的制定都是长期导向的，因此，政府的公开信息整合平台需要具备信息储存与信息查阅能力。图书馆可以很好地满足这一要求。图书馆是重要的基础设施，民众可以随时在其中查询所需要的资料与信息。随着信息化建设的推进，图书馆网站更是进一步打破了时间与空间的界限，可以随时为民众提供政府公开信息整合服务。本节对其展开分析，讨论现阶段存在的问题，并针对性地提出一些措施促进图书馆网站履行政府公开信息整合的服务。

《中华人民共和国政府信息公开条例》最早于 2008 年 5 月 1 日开始实施，第十六条明确规定“各级人民政府应当在国家档案馆、图书馆设置政府信息查阅场所，并配备相应的设施、设备，为公民、法人或者其他组织获取政府信息提供便利。行政机关可以根据需要设立公共查阅室、资料索取点、信息公告栏、电子信息屏等场所、设施，公开政府信息。行政机关应当及时向国家档案馆、图书馆提供主动公开的政府信息”。这是图书馆对政府

公开信息整合的政策基础。

一、图书馆政府公开信息整合服务的优势

图书馆是以政府为主导的基础设施，其天然具备正当性与权威性。而且国家法律法规也明确规定共同图书馆有义务为民众提供政府公开信息整合的服务。图书馆的公益性，决定了民众在其中获取信息资源的成本较低，而且不受身份的限制，任何一个我国公民都可以平等地在图书馆中获得信息服务。随着数字化图书馆建设的推进，图书馆应用了大量的数据技术，如大数据技术、云计算技术等，并建立了网上图书馆，即图书馆网站。数字化图书馆进一步打破了时间与空间的限制，使民众可以随时随地查阅相关信息，而且图书馆的信息数据资源丰富全面，信息管理系统先进，查阅资料的效率更高。作为政府公开信息整合发布的重要平台，图书馆的权威性与准确性得以保证，图书馆通过对政府公开信息的合理整合，可以让民众以较短的时间获取较大的信息容量，并且保证了信息的真实性与权威性，相比于网络上其他五花八门的信息，图书馆网站帮助民众省略了信息鉴别的环节，效率更高，而且实时性也更强。

二、图书馆网站政府公开信息整合的现状

图书馆网站对政府的公开信息一般要先进行归类整理，通过实时整合后，全面地提供给读者。这有效提高了信息获取的效率，但是在实际应用中还存在一些问题，主要如下：

（一）信息接收具有被动性

《中华人民共和国政府信息公开条例》规定，各级政府有义务主动为图书馆提供政府公开信息，换言之就是图书馆是处于被动获取信息的地位。但是图书馆与政府机关是两个不同的职能部门，图书馆的工作人员可能不能完全理解政府公开信息的内容、概念以及导向。这导致了在进行政府公开信息整合时经常出现问题，如格式问题、概念混淆、整合类目不清、信息过于简单没有进行深层次的加工等。而各级政府大部分提供的公开信息都是未经处理的初始信息，需要图书馆人员进行提取与整合，也进一步加大了公开信息整合的难度。此外，部分政府单位提供的公开信息也不够全面，这导致了信息缺失问题。

（二）覆盖人群不足

图书馆网站虽然提供了政府公开信息整合服务，但是其时效性较差，最新政策与信息往往要经过一段时间后才会在网站公布。且内容大多数过于简短，没有深入分析与评价。而且由于网络的新兴属性，其并未覆盖我国的所有人群，尤其是老年人群体的覆盖率不足。大部分在图书馆网站获取信息的都是中青年人，此外，针对视听障碍人群的关怀也不够，人性化设计不足。影响了信息传播的效率。

（三）设施配置不全面，宣传推广力度不足

目前在我国，很多人并不知道图书馆具有提供政府信息整合服务的能力，这是由于对图书馆功能的宣传不足，且图书馆也未就政府公开信息整合的查询提供专门的资金进行设备与资源的配置，这进步一限制了其职能的发挥。

三、提升图书馆政府信息公开服务的方案

（一）完善政府、图书馆的合作机制

要想有效发挥图书馆政府公开信息整合服务的职能，最重要的是建立明确的政府单位与图书馆信息互通的长效合作机制。各级政府单位以及图书馆、档案馆等要明确自身职能，主动提供与获取信息，提高图书馆获取政府公开信息的完整性。尤其是与民生息息相关的信息，如经济、教育、环保、医疗等。并且要制定固定的格式，保证信息的通用性，实现不同层级单位与不同类型单位之间的信息共享。

（二）进行多平台的资源整合和利用

针对覆盖人群不足的问题，图书馆应该积极进行多品牌建设，通过网站、APP以及各类新媒体等，扩大政府公开信息发布的范围，尽量覆盖更广的人群。并且要制定统一的标准，降低多平台发布的难度，尤其在数字图书馆大力建设的背景下，图书馆应该利用数字技术，确实提高自身的信息化能力，通过科学的归类整合，为民众提供高效简洁的服务。

（三）完善人才队伍建设，拓宽服务方式

对政府公开信息的整合需要专业的人才进行，图书馆应该加强人才梯队的建设。首先，要通过内部培训的方式，提高现有工作人员的能力。其次，要进行社会招聘，招收素质高、能力强的年轻人加入队伍之中。最后，要与政府单位展开合作，通过人才借用等方式提高对于政府公开信息的整合能力。通过以上方式对政府公开信息进行合理的加工与解读，降低民众理解政府信息的难度，提高政府信息的整合性与全面性。

（四）优化宣传和推广

积极通过各种方式宣传图书馆的相关职能，尤其是提高政府公开信息整合服务的职能，让更多民众知道图书馆的属性。并积极进行信息化建设，改善网站操作界面等。

图书馆是我国重要的基础设施，其本身具有公益属性，将政府公开信息整合服务赋予图书馆，有助于促进图书馆的进一步发展。随着数字化图书馆的建设，图书馆的查询与阅览不再有时间和空间的限制，通过建设优秀的人才队伍，为民众提供全面与准确的政府公开信息整合服务。有助于我国政策的推广与落地。

第五节　云计算的数字图书馆信息资源整合

云计算作为一种新型的信息资源服务及管理模式，有效地推动了数字图书馆信息资源的整合与共享，增强了数据信息的完整度与内在关联性，提升了对信息资源的检索效率与利用率，极大地促进了数字图书馆为用户提供高质量的信息服务。本节阐述云计算技术应用于数字图书馆信息资源整合的意义，并对基于云计算的数字图书馆信息资源整合的内容、机制、模式及构架进行深入的分析与研究。

面对庞大的图书馆信息资源，云计算技术具有非常好的信息存储能力，该技术应用于数字图书馆中，能够为数字图书馆提供强大的技术支持，对信息资源的整合与联通具有重要影响。数字图书馆信息资源整合指的是根据一定的需求，采用各种网络技术使不同类型与格式的信息资源相连接，使信息资源系统经过整合具有检索的功能，从而形成一种跨时空、跨平台以及跨内容的新型资源体系。

一、云计算技术应用于数字图书馆信息资源整合的意义

（1）云计算能为数字图书馆提供更高效的信息资源检索服务。云计算实现了大量普通计算机的集中式管理来为数字图书馆提供超强的计算能力。它不仅可为用户提供规模巨大的在线检索服务，而且可以加快用户检索信息的速率。在构建本地云时，它能够对信息资源进行整合的同时还能实现信息搜索的智能化与一体化，然后再由网络系统通过分析、评价所搜索的信息，来进一步满足用户获取信息的个性化需要。用户还可以通过手机等设备，连接上互联网，在信息检索界面登录并获得认证后，就能根据自身的需求随时随地获取信息资源，这也会使用户的检索满意度大幅提升。

（2）云计算推动了数字图书馆信息资源的共享。众多的数字图书馆之间可以通过信息资源整合来共建信息资源共享空间，使各自的系统基础设施得到分享，实现资源的合理利用，有利于各图书馆达成合作、结成联盟。通过图书馆间的相互交流与共享，用户可以在数据库中查找到很多珍贵的文献资料，并且随着图书馆中数据信息的不断修改、及时更新，用户还可以查询到最新的信息资料，不仅能提高用户对数字资源的使用效率，还能节约成本、降低能耗，促进绿色数据计算目标的实现。

（3）云计算可确保数字图书馆信息数据的完整性。云计算可以保证数据存储与处理的安全性与可靠性，用户可将信息数据放置在云服务商提供的云中，这将有效避免黑客的攻击，使数据免遭破坏。云计算可使图书馆服务器保持正常的运行，尤其是当用户同时检索信息而造成系统访问量过大时，云计算就会对信息资源进行动态分配，使数字图书馆为用户提供不间断的安全服务。此外，云计算可使数字图书馆的运算能力达到最优状态，促进资源的优化配置。

（4）云计算使数字图书馆的服务模式经济化。数字图书馆要处理各种业务，只需用较低的成本购买服务商提供的云服务即可，这能在很大程度上降低数字图书馆建设的投入，节省数字图书馆在软硬件管理及维护方面的费用，还能减少不必要的人力与物力支出，且回报率比较高。在此情况下，数字图书馆可以对开支进行科学合理的规划与控制，这样就可以在核心业务拓展方面投入资金和精力。

二、基于云计算的数字图书馆信息资源整合内容

云计算背景下数字图书馆信息资源整合，主要包括数据、信息系统、检索方式、协议标准以及技术等方面的整合。①数据整合指的是对分散数据库进行分析、融合，在本质上形成一个全新的虚拟的数字资源系统体系，整合方式是将多个数据库中的共同信息进行提取与归总，目的在于建立一个系统化的数据库。②信息系统整合指的是打破数据库系统多样化的状态，经过对系统中数字资源的重新组合，使整个数据库信息在结构框架上相统一，从而形成一个公用的信息系统，有利于对数字资源的管理。③检索方式整合指的是根据用户的需要，将信息系统中的多种检索方式进行整合，使用户能够使用多模式的检索方式，便于多种运算符与组合的检索，从而实现用户对具体信息进行全方位搜索与精准定位。④协议标准整合指的是针对网络通信协议以及数据组织方式的不同，通过运用一些合适的中间技术手段，将不同的访问协议与数据库在同一界面内进行统一检索。⑤技术整合指的是合并用于整合数字资源的多种技术，从而避免出现信息孤岛等问题。

三、基于云计算的数字图书馆信息资源整合机制

对于云计算技术背景下数字图书馆信息资源整合机制的选择，需要通晓云计算的特点，同时明确需要整合的内容。当前数字信息资源的整合机制大体分为三种，即数据仓库、中介封装器、代理等方面的整合机制。

（一）数据仓库整合机制使数字图书馆容纳更多的信息资源类型

数据仓库整合机制指的是采用数据仓库的方式，将位于不同服务器的信息资源存储于同一个物理位置，并对这些来源不同的信息资源进行集中化管理，有利于图书馆私有云的建立。该机制能促进对数据的深入挖掘，能使用户通过使用复杂的信息检索，获取更广泛的信息资源。数字图书馆采用这种机制进行资源整合，能在现有馆藏的基础上实现对各种资源的全面整合，使多样化的信息资源汇集于数字图书馆中，从而建立一种立体的 OPAC 资源管理系统，该系统会对各个来源的数据信息资源及时进行更新，便于用户能够结合自身需求去查找最新的信息。另外还可以利用其提升信息资源整合的能力来提高与国外数据系统的兼容性，从而有效实现中外数据的统一检索，并逐步建立起一个更合理、广阔的公有云平台。

（二）中介封装器整合机制能消除数字图书馆中信息资源的异构性

此种整合机制采用了一种虚拟的整合形式，并不是在整合系统中对信息资源进行存储，而是借助中介器与封装器来整合信息资源，中介器用于整合用户提问、检索结果等，而封装器用于整合信息源连接、具体查询等，这样就不需要将海量的数字资源进行本地存储。云计算技术背景下的信息源不仅数量庞大，而且更新变化的速度很快，中介封装器整合机制能适应这种特点，实现对信息知识的高效整合并为用户提供个性化服务。这种机制整合信息资源的具体流程为：首先运用信息源选择技术对需要整合的信息源进行确定，接着运用信息抽取技术来转化信息源的格式，使其具有更强的结构与清晰的语义，并结合信息源的运行状态选择最佳查询、调配的方案计划；其次针对信息源来提供一站式访问，通过中介器来整合信息源的结果，并将其统一呈现在用户面前；最后使信息源与用户提问之间建立一定的语义联系，使数字资源的异构性得到消除，并将信息源中的有用部分进行组织整合，这样在很大程度上提升了对信息资源的整合质量以及用户查询信息的速度。

（三）代理整合机制能提升数字图书馆信息系统的灵活性及整合效率

代理整合机制是一种最新兴起的数字资源整合机制，它使用了资源 Agent、用户 Agent 以及代理方 Agent。其中资源 Agent 用于处理分布式资源，并根据整合系统的表示形式来转换、描述信息资源；用户 Agent 不仅对用户的信息进行维护，还将整合系统接口提供给用户，便于系统与用户之间产生交互；代理方 Agent 的任务是根据用户 Agent 的查询请求以及所需的资源 Agent，使二者实现有效的匹配。此种机制可以明显提升系统的灵活性及整合效率，使系统更好地适应数字资源的特点，即异构性、分布性。除此之外，Agent 能够较好地适应网络环境，因为其不局限于连续运行的网络环境，用户获取数字资源不再仅是通过 WAP 协议的方式，现在可通过浏览器将手机或 PDA 等多种移动设备连入云服务器中，加上网络收费比较低廉，这便于用户对所需信息资源进行自主、快速的选择。

四、基于云计算的数字图书馆信息资源整合的模式及架构

结合服务的类型，基于云计算的数字图书馆可提供给用户三种服务模式，分别为软件即服务（SaaS）、平台即服务（PaaS）、基础设施即服务（IaaS）。① SaaS 是在互联网的基础上为用户提供软件服务的一种软件应用模式。SaaS 不能等同于云计算，但二者相互联系，即云计算为 SaaS 提供后端服务保障，而 SaaS 是对云计算的应用呈现。SaaS 应用于数字图书馆的建设中具有重要作用，它不仅可以为提供商供给网络基础设置和建立后台运作的平台，还能负责网络系统的升级、维护。数字图书馆只要按需求来购买软件，就可借助网络为用户提供服务。提供商通常采用 Web 或 HTTP 来为用户提供应用服务，以提升服务的应用程度、拓展服务的使用范围。利用 SaaS 技术，不同数字图书馆可通过云端将信息资源整合到一个统一的站点，并将统一的信息检索接口提供给用户，这样不仅有利于增进不同数字图书馆间信息资源的互补，还可以提高用户利用图书馆信息资源的效率。

② PaaS 模式是一种通过服务器平台为用户提供服务的模式。数字图书馆利用 PaaS 建立一个云服务的中间平台，并通过此平台来描述本馆特有的资源，同时实现对资源索引库的建立，然后将多个图书馆中的各种信息资源进行整合，降低资源的分散性，进而实现云资源的可控性与统一性，同时将相应的检索、查询服务方式提供给云端用户，提高用户在服务器平台上对信息资源的利用量。③ IaaS 模式是一种通过完整的计算机基础设施为用户提供服务的模式。提供的服务有基本计算资源如存储、处理等，还有软件的部署及运行如应用系统、程序等。数字图书馆不需要对计算机基础设施进行控制或管理，但可在操作系统、程序的选择与应用，以及存储空间的应用等方面进行控制。当前资源信息量呈逐渐上升的趋势，数字图书馆通过采用 IaaS 模式来创设一个虚拟化的环境，有利于馆内数字资源的优化整合并提升信息资源的保障力度。

结合云计算背景下数字图书信息资源整合的模式，其服务架构主要分为三部分，即读者服务层、后台管理层与基础设施层。①用户通过读者服务层可以检索所需的信息资源，然后选择自己所需的服务。在此之前，用户先要完成账号注册、修改密码等操作，经审核通过之后才能进入云桌面。②后台管理层主要涉及主服务控制机群、云监控模块。对于主服务控制机群来说，它的任务是在接收到用户的信息应用请求之后，验证用户身份的合法性并对信息应用请求进行分析判断，然后查找到与之相应的服务资源，并将其分配给用户。对于云监控模块来说，它可以实时监控整个服务全程，而且图书管理员能通过该模块来监控机群的状态，还能操作并管理服务器。③基础设施层主要具有存储、应用、计算的功能。对于存储节点机群，其属于一个存储系统，用于海量数据信息资源的存储与提取。对于应用节点机群，其属于一个应用系统，用于处理具有复杂逻辑的各种应用请求，还可以对应用程序进行存储。对于计算节点机群，其是由云计算机群构成的，故其运算功能比较强大，可以应对超大运算量。良好的云计算架构能帮助数字图书馆提供高效的信息资源服务，所以要重视该架构的管理流程设计，对信息技术管理模式进行完善与优化，以便实现对信息技术基础设施管理的有效性与统一性，使信息资源得到最大限度的利用。

综上所述，针对目前基于云计算的数字图书馆信息资源整合度低、共享度不够、缺乏完整性、不够经济化等问题，本节结合客观技术条件和实际现状，提出了基于内容、机制、构架的合理整合方法，并较有针对性地提出了对应的解决思路。从而可让使用者和管理者都能够在基本不改变使用方式方法的同时极大地提高数字图书馆的信息整合能力和效率，从而最大限度地提高和满足不断增加的使用者对数字图书馆的使用体验和需求。

第六节　图书馆信息采集编撰整合

大数据时代冲击下以云计算和网络智能化的生活化渗透是整合信息爆炸时代信息采集编撰的助推器。图书馆信息采集编撰的云计算和智能化系统的设置和引进是采集编辑整合的窗口，传统图书馆信息采集编撰工作的数据化板块的创设和信息采集编撰的功能导向成为大数据时代图书馆信息采集编撰整合的指南，特别是传统图书馆信息采集的单一性，导致大数据时代信息数据化图书馆的组合同智能图书馆的建设成为图书馆信息采集编撰整合的缩影。因此，本节对大数据下图书馆信息采集编撰的整合进行研究。

“信息爆炸时代”是大数据处理机制下社会信息传播流变与主体信息选择采集的社会反映。以“互联网＋图书馆”建设的模式是当前不同类型图书馆数字化、智能化的关键。数字化图书馆的建设除需要图书馆引进大数据云计算智能平台的硬件设施外，还需要扩宽图书馆信息采集编撰的新视野，使传统单一记录性数据信息的采集转变为多手段、多功能的图书馆信息采集编撰成为图书馆突破数字阅读所造成困局的关键。换句话说，大数据时代图书馆信息采集编撰的整合是新时期图书馆建设与发展的主旋律。

一、大数据时代图书馆信息采集编撰整合的动机

大数据时代图书馆信息采集编撰整合的动机是推动图书馆信息采集数据化的催化剂。究其而言：①图书馆传统的单一信息采集编撰需要时代性创新，传统的图书馆信息采集编撰保守单一，难以发挥图书馆信息采集编撰功能的最大化。新时期图书馆信息采集编撰整合的关键在于实现图书馆信息数据化的整合类化。②信息采集编撰的整合是数字图书馆建设的必然，传统图书馆信息采集编撰是基于图书馆基本管理工作的简单形态，但是大数据时代图书馆信息的采集编撰逐渐成为推动数字图书馆建设的关键，特别是智能图书馆的建设必然需要信息采集的集成。③图书馆信息采集编撰整合是图书馆应对当前挑战的反击，电子阅读和以通信媒介为主的网络阅读严重影响着实体图书馆的发展，个别门类的图书馆面临生死存亡的危机。因此，以大数据属性为基本出发点，进行数字化信息采集编撰是图书馆应对当前挑战的最好回击。

二、大数据时代图书馆信息采集编撰的需求指南

（一）信息采集整合需要工作人员具备较高的信息素养

大数据时代图书馆信息采集编撰的整合不仅需要图书馆发展理念的转变，还需要图书馆在适应大数据时代信息采集编撰的基本要求。图书馆工作人员作为信息采集编撰的主体，在大数据时代除具备基本的数据操作系统外，还应具备较高的信息素养。信息素养作为一种基本能力是对主体信息意识、信息能力、信息运用的高度概括。图书馆工作人员信息素养的提升和凝聚是大数据背景下适应“信息爆炸时代”的基本要求，信息意识是工作人员对图书馆信息采集编撰价值的认知，大数据时代图书馆工作人员的信息意识理应是社会发展多元的结果。大数据背景下图书馆工作人员信息能力的提升应该是技能和理念的双向提升。图书馆数字化信息的采集编撰和以网络技术为中心的信息采集编撰是图书馆管理人员信息运用的基本表现。

（二）信息采集整合需要图书馆对应硬件设施的完备

大数据时代信息采集整合需要图书馆硬件设施的完备，数字化设备的完善包括图书馆媒介硬件和网络技术的完备，硬件完备是图书馆信息数据化云计算的前提，网络技术是数据库系统运行的必要条件之一。特别是读者阅读记录信息的采集编撰是图书馆信息数据化采集的重点，网络技术的匮乏和硬件设施的不完备都严重影响着图书馆数字化信息的集成和传播。

三、大数据时代图书馆信息采集编撰整合的方向

（一）基于图书馆读者认证的信息采集编撰的整合

大数据背景下图书馆基本管理的数据智能化成为图书馆信息采集编撰的前置，同传统封闭式的图书借阅机制所不同的是“互联网 + 图书馆”建设模式下图书馆信息采集编撰的数据化处理成为必然。对于图书馆数据化运行而言：基于图书馆读者认证类信息采集编撰的整合是图书馆大数据化的应用之一。首先，图书馆读者认证类信息的采集是不同类型图书馆管理数字化的基本体现，云计算和结构化查询语言（Structured Query Language，SQL）查询窗口的设置是对读者类别和读者门禁信息认证的关键，图书馆将读者基本信息录入，实现读者出入图书馆和图书馆借阅基本认证的数据化，避免传统出入凭证机制造成的图书馆馆藏资源的共享短路。其次，随着以现代图书馆馆藏数字化建设为主体，地方图书馆智能化靠拢为骨架，机构专业图书馆数字化创建为基本形式的图书馆读者认证信息采集编撰均需要依托云计算和数据库系统，确保读者关联信息采集的最优化，大数据背景下读者信息的采集编撰不仅是读者基本信息的认定，对于专属功能性图书馆，读者资格认定还需要从读者专业信息延伸，实现读者服务理念的数字化承载。最后，基于图书馆读者认证类信息采集编撰的整合就是要将读者信息以电子数据罗列，使读者信息的编撰成为图书馆智库的有机组成部分。当然，图书馆读者认证类信息的采集编撰整合不仅是对读者认证信息的网络传输和智能化云计算，还使读者认证信息成为专门独立的数据库区域。

（二）基于图书馆借阅记录的信息采集编撰的整合

基于图书馆借阅记录的信息采集编撰是大数据时代图书馆信息采集的窗口。图书馆借阅记录的信息采集编撰的整合包括两层，既要注重个体借阅信息的采集和归纳性编撰，从而突出个体读者借阅信息的集中，有助于以 APP 客户端为载体的数字图书馆对读者借阅记录的人性化设置；又要以图书馆馆藏借阅的整体为基准，实现图书馆整体馆藏借阅记录的数据化处理，有助于图书馆整体信息化建设的推进。具体而言：首先，图书馆借阅记录的信息采集编撰的整合需要图书馆信息数据库的类化，或者说借阅记录的学科分类编撰，通过馆藏流通量统计编撰图书馆馆藏特色书籍，使专一图书馆藏突出成为图书馆信息采集编撰的有效成果之一。另外，云计算机制下图书馆借阅记录的信息采集是图书馆数字化建

设的基本要义。其次，图书馆借阅记录的信息采集编撰的整合需要以读者个体借阅记录的读取分析为主体，实现大数据时代读者阅读推介的人性化服务。一方面读者图书馆借阅记录的数据化编撰是调控图书流转、发展读者 APP 客户端和掌上图书馆的纽带所在；另一方面图书馆读者个体借阅记录信息的采集是基于图书馆智能化发展的关键所在。个人借阅记录的信息采集编撰既需要通过数据处理系统特别是简单 SQL 查询语言的数据化处理又需要对个人借阅信息映射处理，使数据智能化的图书管理成为推动图书馆发展的催化剂。最后，基于图书馆借阅记录的信息采集编撰整合是大数据时代简化图书馆借阅记录登记和馆内数据统计的必然选择，基于阅读记录的信息采集编撰整合是对传统信息记录的创新。

（三）基于图书馆馆藏信息采集编撰的集成性整合

基于图书馆馆藏信息采集编撰的集成性整合是大数据时代图书馆信息采集方向的重心。图书馆馆藏是图书馆信息编撰的本源，大数据时代背景下图书馆通过馆内馆藏的延伸编撰图书馆阅读信息的延伸，使图书馆信息编撰成为新时期推动图书馆事业多元化的内在需求。①图书馆本身发展和内部信息的电子集成，数字化图书馆的建设就是要以主题图书馆的网络智能化发展为目标，大数据背景下图书馆自身信息的编撰能够确保图书馆智能出版和图书信息数字化编排同读者需求的衔接。②图书馆馆藏信息数据化的更新推介，比如，数字图书馆建设中图书馆馆藏的信息系统化处理能够以公众号等形式推介，特别是馆内图书借阅短缺信息和新书上架信息的提示，数据化的信息采集编撰使图书馆以读者为本的服务理念体现得淋漓尽致。总之，基于图书馆馆藏信息采集编撰的集成性整合是当前图书馆信息采集编撰的枢纽，馆藏变动的数据库建设确保了图书馆数字化的基本形态。

（四）基于图书馆阅读推广的信息采集编撰的整合

图书馆阅读推广的信息采集编撰是大数据时代图书馆信息整合最直接的体现。图书馆阅读推广是大数据时代信息整合的典范，数据系统和数字智能化的运用在图书阅读推广领域司空见惯。①图书馆阅读推广本身是图书馆信息采集编撰的形式之一，阅读推广活动必然要对图书馆信息高度整合与集中，使信息充斥到具体的目的样式中。一方面阅读推广是图书馆数字化反映的基本形式，阅读推广借助网络技术和数据库语言实现图书馆整体信息的目标指向性整合；另一方面阅读推广需要将图书馆整体业务进行网络数据化处理，大数据时代为图书馆业务信息的数据化处理提供了便利。②图书馆阅读推广活动需要以数据化信息平台和网络技术为媒介，实现实体图书馆同数字化网络图书馆的对接，大数据时代网络技术及云计算为虚拟图书馆的信息扩散奠定了物质基础。③图书馆阅读推广活动具体策划和践行也是借助大数据时代网络技术指导下的信息采集与编撰。比如，数据化时代以现代图书馆为主的“读书明星”评选活动，在图书馆阅读推广的数据化折射下智能统计取代人工统计，提高了图书馆信息采集编撰工作的效率。总之，在图书馆阅读推广活动中大数据的运用和信息编撰向智能化靠拢，信息采集编撰过程中信息的主题和社会功能也逐渐被放大。

（五）基于图书馆社会功能的信息采集编撰的整合

基于图书馆社会功能的信息采集编撰是专业图书馆和功能性图书馆业务延伸的表现，功能性图书馆馆藏专业性突出，信息采集本身系统鲜明，加之大数据时代图书馆信息采集编撰的数字化同纸质编撰的并举使图书馆社会信息的采集成为图书馆信息系统采纳的充分条件，一方面以专业学科知识信息为主的科研型图书馆，其专业信息的采集编撰专业信息的社会传播。另一方面以政府信息采集编撰为主的行政类图书馆的信息采集编撰将图书馆的社会功能发挥至极致，关乎政策性的信息通过图书馆的信息采集，使政府行政决策等行政行为信息编撰成集，有助于简化社会获取政府信息的程序。总之，基于图书馆社会功能的信息采集编撰的整合是图书馆在大数据时代适应数字化信息吸纳的总和。

此外，基于馆际关联建设信息共享的也是图书馆信息采集编撰整合的方向之一。大数据背景下图书馆信息采集编撰的整合就是要从基本入手，探究信息采集编撰整合的方向是推动数字图书馆智能化建设的必然选择。

第七节　图书馆信息服务创新的细分与整合

随着信息技术的快速发展，原有图书馆信息服务模式已经难以适应市场现状，新媒体的异军突起使得市场细分进一步加速。对图书馆而言，必须提供创新型的信息服务才能满足当前读者的需求。更加贴近读者的阅读习惯，符合读者的实际需求，为读者提供精准的服务，这是当前图书馆发展的必由之路。本节阐述图书馆信息服务创新的基本原则，探讨当前图书馆信息服务创新的细分与整合战略。

由市场现状可以看出，在各个行业领域的发展过程中，市场细分已经成为一种必然趋势，一方面是用户的需求多元化；另一方面是产品或者服务的提供者不断创新，为用户提供更加良好的消费体验。图书馆作为公共文化领域重要的文化输出场所，要强化文化输出能力，必然需要提供更完善的信息服务，为读者提供更好的阅读体验。图书馆信息服务的创新，一方面要遵循市场细分理论；另一方面要整合各项要素，形成完善的信息服务体系，提高图书馆的服务水平，帮助读者解决实际问题。

一、图书馆信息服务创新概述

信息服务作为一个专门的领域，从字面意思理解，包含信息和服务两个方面，但是二者的结合不是简单的一加一等于二，而是追求一加一大于二的效果，需要通过信息服务满足用户的多元化需求。为了更好地认识和把握信息服务，可以将其分为四个基本要素，分别是服务对象、服务内容、服务提供者、服务方式。通过对这四个方面进行分析，不仅将信息服务进一步细分，还便于有机整合，形成整体性的认识。

以往受技术条件的限制，图书馆的信息服务仅限于图书馆内，但是当前信息技术快速发展，图书馆应注重改变服务方式，利用互联网延伸图书馆的信息服务，不再局限于图书馆之内。开发和利用当前先进的信息技术，通过互联网将读者和图书馆连接，一方面可以为读者提供相应的信息服务；另一方面读者可以获取需要的信息，通过这种方式增加用户黏度。同时图书馆内部的信息服务方式也要细分，在原有的基础上，根据现代人的信息获取习惯提供针对性的服务。

二、图书馆信息服务创新的基本原则

图书馆信息服务创新的根本目的在于满足不同读者的阅读需求，提供更加精准的信息服务，使读者获得更好的阅读体验，提升满意度。因此，图书馆信息服务的创新需要遵循以下几项基本原则：

（一）更加贴近读者的阅读习惯

图书馆受藏书量及藏书结构的影响，目标读者群体存在一定的差异，不同的读者群体阅读习惯的差异性极大，读者的年龄、知识层次、阅读爱好等不同，使得阅读习惯也不同。图书馆在信息服务创新方面需要更多地了解目标读者群体各方面的差异，更加贴近读者的阅读习惯，为每一位读者提供精准的信息服务，这是图书馆信息服务创新的重要原则。比如，当前的年轻人更偏好利用互联网获取信息，大部分老年人对互联网缺乏了解，差异性较大。因此，在为这两个不同年龄阶段的读者提供信息服务时要采用不同的服务方式，满足实际需求。

（二）对读者群体多层次分类

当前，人们对信息获取的需求日益多元化，不同读者的行为习惯、阅读偏好差异性较大，图书馆若提供单一的信息服务，则必然无法满足读者的多元化需求。对此，图书馆需要针对目标读者群体建立合理的分类标准，为读者提供多元化的信息服务。图书馆可以利用当前先进的信息技术收集读者信息，根据读者的性别、年龄、阅读偏好、知识层次等将读者群体进行分类，以此为基础提供针对性的信息服务，让读者快速解决问题。

三、图书馆信息服务创新细分战略

（一）以服务对象为基础的细分信息服务

首先，图书馆可以先将信息服务划分，具体分为服务对象、服务内容、服务方式及服务提供者，再从这四个方面细分，通过这种方式可以进一步细化图书馆的信息服务，满足读者的实际需求。从服务对象来看，图书馆可以根据读者的实际情况进行细分，比如可以分为文学偏好者、历史偏好者、艺术偏好者等，根据读者的阅读习惯合理细分，从而为读者提供个性化服务。

（二）以服务提供者为基础的细分信息服务

所谓服务提供者就是图书馆本身，图书馆的信息服务工作决定了读者对服务的满意程度，因此图书馆内部需要细分，简单来说，就是对图书馆内部的各项资源进行细分。首先是图书馆的藏书结构，进一步细分藏书结构，并建立完整的检索目录，便于读者快速检索所需要的图书。其次是对内部岗位的细分，图书馆在提供各项信息服务的同时应当设置相应的服务人员，比如当前图书馆基本都是利用计算机进行检索，但是部分年龄较大的人操作计算机有难度，因此需要服务人员协助，弥补这方面的不足。最后是对人力资源进行细分，主要是对图书馆内部不同岗位工作人员的职责进行细分，明确各自的职责范围，各司其职，避免出现职责重叠的情况。

（三）以服务内容为基础的细分信息服务

信息服务内容对于读者而言最为重要，当前图书馆的图书资源主要分为两种，一种是电子图书，一种是纸质图书。无论是哪种形式的图书资源，对读者而言都需要经历检索、查阅等多重环节，比较烦琐。对于这种情况，图书馆可以以读者群体分类情况为基础，根据不同类别读者的习惯为其提供相应的推荐，使得服务内容更加丰富。让读者通过推荐内容快速获取需要的图书信息，这种方式更加契合当前人们的信息获取习惯。

（四）以服务方式为基础的细分信息服务

对于信息服务事业协同整合来讲，主要考虑的是两个方面：一方面，强调信息服务不仅是业务，更是事业。另一方面，着重强调信息服务事业应与图书馆其他业务、事业及高等教育的整体事业做到协调统一发展，加强长信探索。

四、图书馆信息服务创新整合战略

（一）信息服务体系整合

首先，在细分信息服务四要素的基础上，进行要素间的有效集成，结合其他影响因素和目标定位，形成信息服务产品或项目。比如，有较高数据素养和计算机信息处理能力的馆员，针对人文学者手工处理资料的局限性，将有关资料数字化和语义化，以数据可视化现场展示等方式，结合人文学者的意愿和要求，帮助他们处理资料和发现可能的关联，设立“数字人文”服务项目。其次，以信息服务项目的要素关系或行为次序，也就是以信息服务模式为基础，进行模式间的有效集成，结合发展需要和相关条件，形成信息服务部门或业务。最后，以信息服务业务为基础，进行相关业务的有效集成，结合发展的可持续性和各方条件的可能性，形成信息服务体系或行业。

（二）信息服务价值整合

衡量图书馆信息服务价值的主要标准是为读者解决相关的问题，获得读者的认可，只有读者满意的服务才是有价值的服务。图书馆提供信息服务的目的在于帮助读者解决问题，这种“帮助”可以是多种形式的，如自助、他助或互助等。自助行为可以是图书馆提供相关的技术设备，由读者自行获取所需的服务；他助主要是图书馆为读者提供相应的服务。此外，图书馆还可以发展互助模式，以图书馆为核心构建交流平台，读者之间进行交流，从而实现互助。通过这三种模式实现图书馆信息服务的价值整合，使读者获得更加良好的体验。

（三）信息服务事业协同整合

图书馆信息服务的创新主要包含两个方面：一是细分，主要是因为每个图书馆都具有各自的特点，在藏书量、藏书结构、所处区域及市场定位方面存在一定的差异，因此在信息服务创新方面应该遵循市场营销当中的市场细分理论，通过对信息服务的四项基本要素进行分析，把握读者的阅读习惯及实际需求等，从而提供更具针对性的服务。二是整合，所谓整合，就是全面整合图书馆的信息服务，形成一个有机的整体，细分但是不零散，通过将信息服务四项要素整合形成一套完整的服务体系，进一步突出图书馆的特色，更好地满足目标读者的需求。

因此，图书馆信息服务创新的协同整合应基于完善信息服务体系的建立，才能够实现与图书馆企业业务、事业的有效衔接，才能够真正实现在相关职能管理部门、教学科研实体等各类用户的教学科研、人才培养事业当中，构建出完善的协同机制，提供更优质的协同服务。要充分认识到，协同指的并非单纯的合作，而是在合作的前提下，探索出以往无法实现的目标的过程。例如，与教学实体、教学管理部门加强协同，能够结合不同阶段的人才培养目标及学生学习发展需求，除了提供丰富、优质的信息资源保障服务外，还要基于信息素养工作坊，为学生配备专门的空间、工具及专业馆员，使学生文献检索、数据处理及知识获取等方面的意识、技能不断强化，真正构建出除了教室、社会实践之外的“第三课堂”。

（四）信息服务生态开放整合

在社会经济、科技高速发展背景下，社会各界对信息服务提出了新的要求。面对这一情境，图书馆应努力做到守正创新、固本应变，在继承优秀经验、理念与方法的基础上，积极借鉴一些外来的理念、技术手段，以紧跟时代发展的步伐，全面适应未来社会的发展需求。图书馆要基于更灵活多样的形式强化对新媒体、人工智能及大数据等实用技术的应用。同时，还要坚持以更开放的姿态，加强与社会机构及国际同行的项目合作、协同创新，为将来的创新发展提供有力支持。

图书馆作为重要的公共文化服务场所，信息服务的创新可以促使图书馆更好地在公共文化领域发挥作用，图书馆管理人员要把握好信息服务的细分及整合原则，提高信息服务的水平和质量。

第五章　信息检索的基本知识

第一节　信息检索的原理

各种检索系统的检索原理基本相同。所谓检索原理，简单地说，就是将检索者的检索提问标识与存储在检索工具中的信息特征标识进行相符性比较，凡是信息特征的标识与检索提问的标识相一致，或者信息特征的标识包含着检索提问的标识，则具有该特征标识的信息就从检索工具中输出，输出的信息就是初步命中检索所需的信息。

由于科技信息快速增长和内容高度分散，这给信息的检索和利用带来了越来越多的困难。采用传统的浏览来直接获取信息已不能满足需要。因此，只有建立完善的、科学的信息检索系统，才能为用户提供一种有效的情报查寻系统。信息检索系统，更确切地说就是信息的存贮与检索系统。信息检索的全过程包括存贮和检索两个过程。下面就这两个过程做一具体的分析。

一、存贮过程

存贮过程就是按照主题词表或分类表及使用原则对原始信息进行处理，并输入检索工具中，形成信息特征标识，为检索提供经过整序（形成检索途径）的信息集合的过程。具体地讲，信息的存贮包括对信息的著录、标引以及编排正文和所附索引等。

（一）信息特征的著录

信息特征是由信息的外表特征及信息内容特征两部分组成的。信息外表特征包括信息的题名、著者、来源、卷期、页次、年月、类型、号码、文种等项目。信息内容特征包括信息的题名、主题词、文摘。

所谓信息著录就是按照一定的规则对信息的内容特征和外表特征加以简单明确的表述。信息著录的结果叫信息著录款目。一条完整的信息著录款目应同时包括各信息内容特征和信息外表特征项。

（二）信息特征标识的标引

信息著录的结果，即信息著录款目，必须排序才能提供检索。所谓信息特征标识，又称排检标目，就是作为信息著录款目排序的依据。信息的标引指就信息的内容按一定的分类表或主题词表给出分类号或主题词。在信息的内容特征中，常以代表信息内容的分类号、主题词等作为信息内容特征标识。在信息的外部特征中，常以题名、著者、号码等作为信息特征标识。

把信息著录款目按信息内容特征标识排检，可为检索者提供从信息内容特征入手的检索途径，如分类途径、主题途径等。把信息著录款目按信息外表特征标识排检，可为检索者提供从信息外表特征入手的检索途径，如题名途径、著者途径、号码途径等。

在存贮过程中，标引信息外表特征标识比较容易，只要准确地分辨出外表特征中可用作特征标识的项目即可，如题名项、作者项、号码项等。

在存贮过程中，标引信息内容特征标识则比较困难，其标引工作一般要分两个步骤才能完成。

第一步：对文献信息进行主题分析，形成主题概念。任何国家、单位的文献信息，其内容都是论述某个客观事物。而任何一个客观事物都有一定的概念。概念是客观事物所包含的本质属性、本质特征的概括。因此，标引信息内容特征标识的一种科学方法就是对信息内容进行主题分析，概括出主题事物的本质特征，从而形成主题概念。例如，一篇题名为《电火花加工普通机床附加装置设计》的文章，其内容有数十页之多，但其论述的主题只是“电火花加工装置”，不过这种装置只适用于普通机床而已。

第二步：准确选用检索语言，标引信息主题概念。通过对信息内容的主题分析，所形成的信息主题概念是自然语言。自然语言尽管是检索者所熟悉的语言，但由于它表述的主题概念不是很严格，存在多义词、同义词、近义词等缺点，不能保证不同标引人员间或同一标引人员在不同的时间保持一致，从而导致误检和漏检。因此，必须使用专门的、规范化的语言，即检索语言，对文献信息主题概念进行标引。检索语言可以是一种系统符号，也可以是规范化的自然语词，但不管是哪种，都应具有标引主题概念唯一性的作用。

二、检索过程

检索过程就是按照同样的主题词表（或分类表）及组配原则分析课题，形成检索提问标识，根据存贮所提供的检索途径，从信息集合中查获与检索提问标识相符的信息特征标识的过程。

（一）明确检索需要，进行检索提问

如果要从信息检索系统中检索所需要的信息，首先从检索提问入手，而检索提问必须是能被信息检索系统所识别和理解的，否则就会问而不答或答非所问。信息检索系统能识别理解的检索提问，就是存贮在检索工具中的文献特征标识。因此，检索提问必须明确表示出所需信息的特征标识。

检索提问表示所需的信息特征标识，主要是外表特征和内容特征两个方面。检索者在

已知信息的题名、著者或号码的情况下，就可以从信息的外表特征入手进行检索。但主要是根据所需信息内容特征进行提问。因为，在大多数情况下，检索者对所需信息的外表特征不太清楚。依据信息的内容特征进行提问的方法是对所需的信息内容进行主题分析，形成检索需要的主题概念。检索需要的主题概念明确形成以后，就可获得所需信息的内容特征标识。以此进行检索提问，常可获得信息系统的圆满答案。例如，检索需要的主题概念为“环境保护”，而存储系统中也确实存有“环境保护”的信息特征标识，两者一致，因而所有具有“环境保护”特征标识的信息，就会从检索系统中全部输出。

（二）选用检索语言，标引检索提问

通过检索需要分析，形成检索主题概念的语言是自然语言。利用自然语言标引检索提问，就会与检索语言标引的信息特征标识发生语言不一的矛盾，检索结果就会产生误检、漏检，甚至徒劳无益。因此，用自然语言表达的检索提问，必须转化成相应的检索语言，只有这样，检索提问标识与信息特征标识才能互相匹配，比较一致。

（三）检索提问标识与信息特征标识进行比较

检索者用检索语言标引了检索提问后，就可以进行具体的检索工作，将检索提问标识与特征标识进行大小异同的比较，从而从检索系统中汇集于相符检索标识下的信息集合中获取情报的信息线索。其过程为：

（1）利用检索工具所提供的检索途径，查获与检索提问标识相符合的信息特征标识。

（2）逐条阅读具有该信息特征标识的信息著录款目，筛掉与检索需要不符合的信息内容，确定需要进一步查阅的信息原文。

（3）利用各种目录（联合目录），查获收藏原文的文献库（图书馆、情报所和信息中心等），可有目的地办理借阅或复制手续，便于仔细阅读信息。

综上所述，在信息的存贮与检索的两个过程中，只有了解信息处理人员如何把信息存入检索工具，才能懂得如何从检索工具中检索所需信息。

第二节　信息检索的语言

一、信息检索语言概述

（一）信息检索语言的含义

信息检索语言是指根据文献检索需要用来描述文献的内容特征、外表特征和表达情报提问而创造的一种人工语言，是规范化的人工语言。也就是说，文献存储时，文献的内外特征按照一定的语言来加以描述，而检索时信息提问也按照一定的语言来加以表达，又称

检索标识。

标识是揭示文献内容特征或外表特征的“标签”，是文献最简洁的代表，也是信息检索所据以进行的“存取点”。在一个检索工具或检索系统中，千千万万的文献著录款目是根据其标识，或按字顺或按逻辑次序（一般用号码或字母加以固定和表示）而编排起来的。

因此，从反映文献特征的角度来看，那些代表文献外表特征的著者姓名、题名、报告号、标准号、专利号、档案号等检索标识和代表文献内容特征的类号、叙词、标题词和关键词都是检索语言。但从检索标识规范化的角度来看，检索语言标识可分为自然语言检索标识和规范语言检索标识，前者包括著者姓名、题名、会议名称、机构号、标牌号、专利号和关键词，后者指分类号、类名、标题词和叙词。

（二）信息检索语言的作用

信息检索的过程包括文献的存贮和检索两个方面。在存贮和检索的全过程中，检索语言主要有以下作用：

（1）用以标引文献的主题概念。在存贮文献信息时，文献标引人员首先要对各种文献进行主题分析，即把文献包含的主题内容分析出来，总结出代表文献主要内容的若干主题概念，然后用检索语言对这些主题概念进行标识，再存入检索工具。

（2）沟通标引人员和检索人员之间的思路。由于人类日常使用的自然语言存在着不适合检索用的多义词、同义词等缺点，如果使用自然语言，就很可能产生标引人员和检索人员使用互不相同的同义词和多义词，造成检索与标引之间的误差，出现漏检或误检。而专门的人工语言（检索语言）是标引与检索取得一致的标准语言。

（3）保证文献存贮集中化和系统化。使用检索语言并把文献收入检索工具时，可使同一主题概念的文献集中在一起，因此，便于检索者按照有规律的排列次序进行检索。

（三）信息检索语言必须具备的三个要素

（1）有一套用于构词的专用字符。

（2）有一定数量的基本词汇用来表达各种基本概念。

（3）有一套专用语法规则来表达各种复杂概念标识系统。

字符是检索语言的具体表现形式，它可以是自然语词中经过规范化处理的一系列名词或名词性词组，也可以是给以特定含义的一套数码、字母或代码。

基本词汇是指组成一部分类表或词表中的全部检索语词标识之总汇，如分类号码的集合就是分类语词的词汇。分类表、词表等也可说是检索语词词典，是将自然语言转换成检索用语的工具。每种信息检索语言，不论是语词或符号，都是表达一系列概括文献信息内容的概念及其相互关系的概念标识系统，它们全部建立在概念逻辑基础之上。下面对概念逻辑的基本知识做简单介绍。

（1）概念的内涵与外延。内涵是它所指事物的本质属性。外延是它所指的一切事物，即概念的适用范围。

（2）内涵与外延成反变关系。内涵越浅，本质属性越少，外延就越广，适用范围越大。内涵越深，本质属性越多，外延就越窄。

（3）概念的关系。相容关系与不相容关系。

相容：

同一关系——电视接收管与显像管

属种关系——植物学与植物生物化学

交叉关系——彩色电影片与宽银幕电影片

整体与部分关系——人与人体心脏

全面与某一方面关系——包装与包装工艺

不相容：

并列关系——塑料与橡胶

矛盾关系——金属材料与非金属材料

对立关系——导电体与绝缘体

信息检索语言在表达各种概念及其相互关系时普遍应用了上述概念逻辑原理。同时有效地利用概念的划分与概括和概念的分析与综合这两种逻辑方法来建立自己的结构体系。具体讲，在编制检索工具时，标引人员要对各种文献进行分析，把它们所包括的内容要点都分析出来，形成若干能代表文献内容的概念，并用规范化的语言如叙词、标题词或分类号把这些概念标示出来，归入检索系统中。检索时，用户须对提问进行主题分析，使之形成能代表信息需求的概念，并把这些概念转换成系统能接受的语言，然后才能从系统中得到用这些规范化语言所标引的文献。

（4）信息检索语言的种类

检索语言的种类很多，按其构成原理一般可分为分类语言（又称分类法）、主题语言和代码语言三种。其中，分类语言又有体系分类法和分面分类法的区别。主题语言又有标题词语言、单元词语言、叙词语言和关键词语言的区别。按其包括的学科范围，检索语言又可分为综合性语言和专业性语言。按其标识的使用方法，还可以分为先组式语言（文献标识在编表时就固定好组配）和后组式语言（文献标识在使用时才组配起来）。通常将信息检索语言分为两大类，即表达文献外表特征的语言和表达文献内容特征的语言。其中，后者是信息检索语言的主体和核心。

二、体系分类法和分类检索语言

（一）分类的概念和作用

所谓的“类”是指具有共同属性事物的集合。一类事物除了具有共同属性外，还有许多不同的属性，可进行多次划分。一个概念经过一次划分后形成的一系列知识概念就是一种概念，又称子位或下位类，被划分的类称为母类或上位类，即属概念；由一个上位类区分出来的一组下位类，互称为同位类，即并列概念。一个概念每划分一次，就产生许多类目。逐级划分，就产生许多不同等级的类目。这些类目层层隶属，形成一个严格有序的知识门类体系。连续划分形成一系列具有从属关系的类目，称为类系。

所谓的文献分类是按照文献中所含知识信息的学科属性对文献进行区分，再根据文献的知识信息内容之间的内在联系组成科学的分类体系。其目的是将同一学科或学科门类的文献集中在一起，便于用户从学科的角度进行检索和利用。

分类法的具体表现形式是分类表。分类表是由一系列分类号集合而成的。分类号是文献知识信息概念的具体标识符，其字符有文字型（罗马字母、希腊字母、汉字等）、数码型（阿拉伯数码、罗马数码）和上述两种集合而成的混合型。它能反映事物概念的派生、隶属、平行等关系。便于检索者对知识信息的全面了解、触类旁通，随时放宽或缩小检索的范围，提高检索效率。

分类检索语言是以学科体系为基础，将各种概念按学科性质进行分类和系统排列，利用规范化的人工符号（如字母、数字和语词）代表这些类目，由分类表、类号和类名组成的一个完整体系。其特点是集中体现学科的系统性，反映事物的从属、派生关系，便于从学科门类进行族性检索。其基本结构是按知识门类的逻辑次序、从点到面、从一般到具体、从低级到高级、从简单到复杂层层划分，逐级展开各个类别。分类检索语言是通过分类表来体现的。一部完整的分类表由编制说明、大纲、简表、洋表、辅助表、索引、附录等构成。

（二）分类法及其原理

一部分类法实质上是一套概念标识系统。体系分类法是一种直接体现知识分类的等级制概念标识系统，是通过对概括文献信息内容及某些外表特征的概念进行逻辑分类（划分与概括）和系统排列而构成的。其主要特点是按学科、专业集中文献，并从知识分类的角度揭示各类文献在内容上的区别和联系，提供从学科分类检索文献信息的途径。从分类角度查阅文献，应使用体系分类表。

体系分类法具有按学科或专业集中系统地向人们揭示文献资料内容的功能，这对于希望系统掌握和利用某一专业范围的文献来说，是非常有用的。

国内比较典型的分类法有:《中国图书馆图书分类法》《中国图书资料分类法》《中国科学院图书分类法》《中国人民大学图书分类法》。

国外常用的分类法有:《杜威十进制分类法》（Dewey Decimal Classification and Related Index，简称 DDC）、《国际十进制分类法》（Universal Decimal Classification，简称 UDC）、《国际专利分类表》（International Patent Classification，简称 IPC）。

目前，我国通用的主要分类法是《中国图书馆图书分类法》（《中图法》）和《中国科学院图书馆图书分类法》（《科图法》）。

（1）《中国图书馆图书分类法》简称《中图法》。由北京图书馆组织全国力量编辑，1975 年出版第 1 版，1982 年出版第 2 版，1990 年出版第 3 版，1999 年出版第 4 版，改名为《中国图书馆分类法》，是我国图书馆和情报单位普遍使用的一部综合性分类法。它是由5大部类、22个大类、6个总论复分表、30多个专类复分表、4万余条类目组成的一个完善的分类体系，广泛用于各类型图书馆。现以第4版为例，进行介绍。

①编制说明：主要介绍分类法的编制过程，所依据的编制原则、部类及大类的设置和次序的理由，对各种分类问题的处理方法、标记方法、使用方法等。保持了《中图法》作为列举式分类法基本属性不变；基本部类和基本大类设置及序列基本不变;《中图法》的字母—数字混合制标记符号与层累制小数制标记制度不变，即类号采用汉语拼音字母与阿拉伯数字的混合号码，用一个字母代表一个大类，以字母的顺序反映大类的序列，在字母后用数字表示大类下类目的划分，数字的设置尽可能代表类的级位，并基本上遵从层累制的原则。还保持个别大类类目体系结构的调整与完善，增加与补充新学科、新事物主题概念。

②类目表:它是分类法的中心部分，包括主表和附表。主表包括基本部类、基本大类、简表、详表。基本大类是对基本部类的进一步划分，是分类法的骨架。简表是基本大类的再次展开,可做粗略分类之用。详表是简表的进一步展开,是类目表的主体部分。《中图法》22大类是基础，每一大类下根据学科的具体内容层层细分为二级、三级、四级……类目，这样逐级划分下去形成等级分明的科学系统。

③标记符号:《中图法》采用的是拉丁字母和阿拉伯数字混合编排的形式。拉丁字母代表基本大类，另在工业大类中，由于学科较多，为便于细分也用拉丁字母代表，其余二级、三级、四级……类目都用阿拉伯数字细分，数字编号采用小数制，在三位后加点，这样易读易记。

(2)《中国科学院图书馆图书分类法》简称《科图法》。由中国科学院图书馆编辑，于1958年正式出版，1959年增编索引，1979年出版社会科学修订2版。该分类法以自然科学见长，总体结构分为5大部类，下分25个大类。

按体系分类法检索的优点是能满足从学科或专业角度广泛地进行课题检索的要求，达到较高的查全率。查准率的高低与类目的粗细多少有关，即类目越细，专指度越高，查准率也越高。但类表的篇幅是有限的，类目不可能设计得很细。因此，分类法只是一种“族性检索”，而非“特性检索”。

分面组配分类法是在体系分类法基础上创造而成的，其构成原理的基本概念具有可分析性和可综合性。由概念组配可将有限类目扩充组配成无限主题概念。组成分类标识的各个因素亦可随检索者的需要变换位置，有很大的灵活性，适合对文献知识信息的检索。

三、主题法和主题检索语言

主题法是利用词语来表达文献的主题概念，并按词语字顺排列组织文献的检索语言。在主题法中，不但对词所采取的规范化措施有所不同，而且选词原则、编制方法及使用规则也都有一些差异，因此，主题法也有多种类型。最常用的有叙词法（Descriptor）和标题法（Subjectheading）。

主题检索语言是直接以代表文献内容特征和科学概念的概念词作为检索标识，并按其外部形式（字顺）组识起来的一种检索语言。其特点是直接用能表达、描述文献内容特征的规范化的名词术语词标识来揭示文献内容特征；把这些标识按字顺排列成主题词表或标题词表，以此作为规范语词标引、检索文献工具。它以词汇规范化为基础，通过概念组配用以表达任何专指概念，便于特性组配检索。

文献的主题是文献研究、讨论、阐述的具体对象或问题。它可以是自然现象、社会生活现象，也可以是各种学科、人物、事件和地区等。

主题词是主题检索语言的核心，它是用以表达描述文献主题概念的名词术语。这些名词术语取自自然语言，有的经过规范化处理，有的本身就是自然语言的一部分。用主题词作文献标识的优点是直观、专指性强、灵活、网罗度高。

把主题词按照一种有利于检索的方式（通常是字顺）编排成书，就是主题词表，这是主题标引的主要工具。主题词表实际上就是主题词加有某种参照的字顺体系表，是把自然语言转换为文献信息检索语言的术语控制工具。

利用主题检索语言进行文献信息检索的过程是，首先要对研究课题进行主题分析，找出最能代表文献内容的主题；其次对照主题词表选择专指度最强的主题词，再按这个（些）主题词查阅目录索引等文献检索工具；最后就可获得检索工具中存储的符合要求的文献线索。

目前，国内外常见的主题检索语言中，按组配程序分，有先组式和后组式两种。在先组式中，又有定组型和散组型两种。按选词方式分标题词、单元词、关键词及叙词四种。

（一）标题词语言

标题词语言是以标题作为文献内容标识和检索依据的一种检索语言。标题词，是从文献内容或题目中抽选出来，使用一个或者一组规范化的自然语言作为检索标识来描述文献的内容，用来表达文献论及或涉及的主题的词和词组。标题词语言的基本构成单元是主标题、副标题和说明语，是一种先组式的词汇标识系统。其特点是有较好的通用性、直接性和专指性，但灵活性较差。

为显示事物概念之间的相互关系，标题词法中用 See（见）、Seealso（参见）和标题词范围注释来处理反映主题事物概念之间的同一、属种和相关关系，使若干文献有机地联系在一起，增加了检索途径，有利于提高查全率。

（1）See（见）的作用。这是用来从不作为标题词的自由词引见到作为标题词的规范化词汇。See 所指的标题有如下几种。

①词义概念：如 Aeroplane（飞机），SeeAircraft（飞行器）。②下位概念：如 Communication（通信），SeeDataTransmission（数据传输）。③上位概念：如 Allogsteel（合金钢），SeeSteel（钢）。

（2）Seealso（参见）的作用。指出相关标题，用以揭示各相关标题词之间的相关关系。其目的是指导读者从一般概念到特殊概念，从单一概念标题扩大到相关标题，以扩大查找线索。也弥补一篇文摘只在一个标题下面出现一次的缺陷，使科技人员从更多的途径查到该篇文献。

（3）注释的作用。注释是说明标题词的意义、用法和所属学科等。主题注释有以下几种情况。

①用于说明主标题词的意义和使用范围。②指导二次主题词的选择。如“化工厂”这一标题词的副标题词，与“建筑物”或“工厂”的副标题是一样的。③说明主标题还有更专指的标题。如特种飞机则见倒置定语的飞机，如水陆两栖飞机，等等。

（二）单元词语言

单元词是以不能再分解的概念单元的规范化名词作为文献主题概念的标记。它不选用词组和短语去表达复杂概念，这是它与标题词的主要区别。例如，对“包装运输”这一概念按单元词的做法是通过“包装”和“运输”这两个单元词组配来表达该概念，而标题词则直接选用“包装运输”这个词组表达它。单元词语言就是采用单元词通过组配（字面）来表达主题概念。目前，单元词语言已不能适应信息检索的要求，已被先进的叙词语言所取代。

（三）叙词语言

叙词语言是采用表示单元概念的规范化的具有组配功能动态性的词或词组来对文献内容进行描述，是一种后组式词汇标识系统。其主要特征是概念组配。它对概念关系的揭示主要依靠参照系统，其对照系统包括 Y（用）、D（代）、F（分）、S（属）、Z（族）、C（参）和组代等，构成一个网络体系。

叙词组配一般采用两种类型：限定组配与方面组配。

（1）限定组配包括：

①事物及其交叉概念，如喷气式起落飞机用“喷气式飞机”+“起落飞机”。②整体及其部分，如飞机起落架用“飞机”+“起落架”。

（2）方面组配：指事物与事物某一方面的叙词间进行概念限定的组配。如护卫舰设计用“护卫舰”+“设计”。

（四）关键词语言

关键词是直接从文献的篇名、正文或摘要中抽出的具有实质意义的词语，禁用词除外，如冠词、介词、副词等。把文献中的一些主要关键词抽出作为检索标识，并以字顺排列而组成的查找文献用的语言，就叫关键词语言。其语言适用于计算机编制各种索引。目前国际互联网上许多搜索引擎用的就是关键词语言。由于关键词语言是一种未经优选和规范化的自然语言，检索用词不规范，会造成漏检和误检。

例如，微生物与分子生物学的“与”不是关键词。用主题法查找文献，要注意以下几点：

（1）注意利用词表。可供参照的词表有《汉语主题词表》《中国档案主题词表》《中国分类主题词表》《社会科学检索词表》，或系统本身建立的词表。主题词是检索系统使用的专门规范化语言，而用户的提问用的是自然语言。如“用户”这一概念从不同的角度会有不同的表达，如主顾（Patron）、购物者（Shopper）、消费者（Consumer）、使用者（Us-r）、读者（Reader）等。检索者先要了解查阅的检索工具是采用哪种词表组织款目的，然后在该词表中选用恰当的检索词来代替原先拟使用的不规范词语，使用者用名词查找时，一词不中，再选一词，直至选中为止。

（2）选择主题词要把握概念的含义。选词时不要仅从字面上“对号入座”，否则，不是找不到主题词，就是用错了意义相近的词。如查“多元共渗”方面的英文资料，汉英词典没有字面上对应的词。从概念分析的角度出发，就可知道这是指多种元素在一定温度、压力、浓度条件下自金属表面扩散的能力有所提高，利用的是“扩散涂层”原理，所以通过“Diffusion Coating”就可找到有关文献。

（3）要利用概念之间的属种关系和相关关系增加检索线索。属种关系，又称上下位关系，指一个概念的外延被另一个概念的外延所包括，包括概念是属概念，被包括概念是种概念。列出许多具有属种关系概念的词语就可利用属概念扩大检索途径，或利用种概念缩小查找范围，提高获得文献的准确性。相关关系指属种关系以外的具有交叉、并列、对立关系的概念，如形式与内容、本质与现象、原因与结果等关系。利用这些关系，有利于提高查全率。对于较复杂的检索，最好综合运用几种检索语言从不同途径查找。各种检索语言各有其优缺点。体系分类语言具有单维性特点，适用于按学科体系进行族性检索，但不适用于多维性的、按专题概念进行的特性检索。主题检索语言，叙词法和标题法具有直接性、专指性、灵活性等优点，但缺乏族性检索能力。词表虽把具有内在联系的检索标识集中在一起，但不能克服同类文献分散的矛盾，影响查全率。总之，只有充分认识上述各种检索语言的长处和局限性，才可在运用中扬长避短，益于提高查准率和查全率。

第三节　信息检索的程序

一、信息检索及类型

（一）检索

检索是根据特定的要求，运用某种检索工具，按照一定的方法，去寻找资料或信息的过程。

（二）信息检索

信息检索就是查找或提供用户在数量庞大且高度分散的事实、数据、图像、理论等各种信息载体中所需要的信息或能够帮助解决问题的过程。

信息检索的查找对象不一定就是文献，有时也可能是研究中的课题，或对人员、机构的调查等。

总之，从信息管理的角度来说，信息检索主要是通过分析、综合等手段进行信息加工后，获取隐含在信息源中的知识过程。信息检索实质就是把表达用户信息需求的提问特征，同检索系统中的标识进行对比，以便从中查出一致或比较一致的信息。

信息检索直接来源于图书馆的参考咨询工作和文献索引工作，第二次世界大战以前基本上停留在手工业水平上，然后逐渐进入机械化和计算机化阶段，并正向信息处理自动化和检索全文化、智能化、网络化方向发展，其检索内容、应用领域和普及范围也在迅速扩展。

（三）信息检索的类型

（1）根据检索目的分类：

①查新检索。查新检索是用于对申报科研课题、申报科研成果、申请专利而进行的新颖性检索。②定向检索。定向检索是围绕某一学科内容，随时查寻所需的文献信息资料。③定题检索。定题检索是为解决生产、科学研究中某一特定的问题而进行的文献信息资料查寻。

（2）根据是否使用检索工具分类：

①直接检索。直接检索是直接从原始文献中查阅所需要的知识和信息。②间接检索。间接检索是在检索系统中先通过检索工具查到文献线索，再根据文献线索查获原始文献。

直接检索不受检索工具的约束，具有及时、方便、简捷的优点，是我国科技工作者最喜爱、最常用的方法。目前，多数科技工作者主要从新版专业书、核心期刊中获取所需的专业知识和信息。尽管如此，在当今文献信息数量剧增、高度分散的情况下，仅靠直接查阅几本专业书、几种核心期刊，有时存在疏漏情况。因此，要想较系统地收集一个科研课题所需的知识和信息，还必须依靠间接检索。

（3）根据检索方式分类：

①手工检索，即用人工来处理和查找所需信息的检索方式。手工检索是检索者与检索工具直接对话，它依靠检索者手翻、眼看、脑子判断而进行分析，不需借助任何的辅助设备。手工检索的特点是方便、灵活、判别直观，可随时修改检索策略，查准率较高。不足的是检索速度较慢，漏检现象比较严重，不便于进行复杂概念课题的研究、检索。②计算机检索，它是借助某些机器设备（主要是电子计算机和数据库）查找文献和信息的检索系统。如光盘检索系统、电子计算机检索系统、缩微品检索系统等。这是信息检索工具的发展方向。利用这种方式能对大量的信息进行存贮，并根据用户要求从已存贮的信息中迅速抽取特定信息，并提供插入、删除、修改等功能。

计算机检索的特点是速度快、效率高、查全率较高。不足的是成本高、费用大、查准率较低。

近年来，尽管我国计算机、信息网络业迅猛发展，计算机检索逐渐成为获取信息的主要方式之一。但是在相当长的时期内，电子信息还不能完全代替文献信息。1999 年 6 月的一项研究表明，国内有五种著名引擎对 7 个检索请求的查准率依次为网易（24.8%）、中经网信息导航（23.83%）、北极星（18.55%）、常青藤（16.69%）、搜狐（11.06%）。因此，手工检索尽管效率较低，由于低廉的检索费用、较高的检索质量和一次文献获得率，仍是信息检索不能完全代替的重要方式之一。

（4）根据检索结果分类：

按检索内容的不同，信息检索可分为文献检索、数据检索、事实检索。

①文献检索（documentretrieval）是查找或提供用户所需的印刷型资料、缩微资料、声像资料和数据库文献的过程。它为用户提供的是用户信息需求的文献信息。文献检索的目的通常是相关文献的出处和收藏处所。这些文献可以是涉及某一主题、某一学科、某一著者、某一地区、某一年代、某一文件的文献。例如，要系统地收集有关“普通机床电火花加工附加装置”的文献，即属于文献检索。文献的检索结果提供与课题相关的数篇文献的线索或原文供用户参考，这些相关文献的相关程度随检索系统和检索技术的优劣可以有很大区别。

文献检索是信息检索的核心部分。根据检索内容不同又可细分为书目检索和全文检索。

书目检索（bookcatalogretrieval）是以文献线索为检索对象的文献检索，即检索系统存贮的是“二次文献”。它是对文献的外表特征与内容特征的描述，是文献的“替代物”。信息用户通过检索获得的是与检索课题有关的一系列文献线索，然后通过阅读决定取舍。当今国内外许多文摘、索引和图书馆藏书目录、联合目录已转变为机读形式，为书目检索自动化提供了基础。

全文检索（full-textretrieval）。它是以文献所含的全部信息作为检索内容，即检索系统存贮的整篇文章或整部图书的全部内容。检索时可查找到原文以及有关的句、段、章等文字，并可进行各种频率的统计和内容分析。它主要是通过自然语言表达检索课题，较适用于一些参考价值大的典籍性文献，如各种法律、法规、条约、文化典籍、文学名著等。全文检索是当前计算机信息检索的发展方向之一。

②数据检索（dataretrieval）是以数据为对象的一种检索，包括文献中的某一数据、公式、图表，以及某一物质的化学分子式等。数据检索分为数值型与非数值型，它是一种确定性检索。信息用户检索到的各种数据是经过专家测试、评价、筛选过的，可直接用来进行定量分析。检索结果是数据，如某种金属的熔点，某种材料的电阻。数据检索与文献检索有许多共同之处，文献检索的许多方法也适用于数据检索。

③事实检索（factretrieval）是以文献中抽取的事项为检索内容的信息检索，又称事项检索。其检索对象既包括事实、概念、思想、知识等非数值信息，也包括一些数据信息，但要针对查询要求，由检索系统进行分析、推理后，再输出最终结果。诸如某类产品哪些

厂家生产，哪个牌号最好等即属于事实检索。事实检索也是一种确定性检索，信息用户获得的是有关某一事物的具体答案。

信息检索，无论哪种类型，都是在一定的检索系统中进行的。当前，各种各样的检索系统很多，但每一种信息检索系统都由三大要素组成：

一是硬件。它包括系统设备、文献集合、检索工具等。二是软件。它包括系统所采用的检索语言，组织管理系统的各种规范、标准，以及使用系统的各种方法、程序等。三是人员。它包括系统管理人员和系统用户。在系统硬件、软件和管理人员一定的情况下，要想提高系统的检索效率，唯一的办法是提高系统用户的素质，让用户全面了解、正确使用系统。

二、信息检索的一般程序

在信息社会，互联网的普及为用户采用现代化的技术手段查寻文献提供了便利，同时还要运用手工检索方法。不论是手工检索方法还是计算机技术，其检索程序相同，即都是一个经过仔细思考并通过实践逐步完善查找方法的过程。也就是根据课题要求，按照一定的途径和方法，查找检索工具，将所需的信息查找出来。整个检索过程通常要考虑以下五个主要步骤:课题分析—选择检索工具—确定检索入口—查找文献线索—索取原始文献(查找全文数据库除外)。下面就这五个程序分别叙述。

(一)课题分析

(1)明确课题的要求和范围。明确检索要求，首先要对检索课题进行分析，弄清课题的核心含义。如要查找“混凝土断裂力学”方面的文献,首先把握这个课题是针对“材料”混凝土为核心的，即应从“混凝土”这个概念先着手。上面例子说明，在进行检索前，应对所要检索的课题全面了解，尽可能准确地分析课题研究对象，并找出课题中与这个对象有关的概念，进而准确地把握检索要求。同时，还要明确课题对检索深度的要求，要求所提供的是题录、文摘，还是提供全文。

明确课题的检索范围，主要是学科范围、年代范围和地域范围。

①学科范围。如果需查“失冷事故”方面的文献，我们知道“失冷事故”是发生在核电站的泄漏事故。显然，这一课题可归入“核电站事故”或“核反应堆安全防护”这两个学科的领域，这样可确定适用的检索工具。

②年代范围。一般科技文献中的技术 10 ~ 20 年就要过时，所以，一般的科技课题的检索时间范围在 10 ~ 20 年以下。对于需要较多回溯性资料的问题，检索人员就要确定查找年代的上限和下限，如果是“近期文献”，那么是近 3 年的还是限于去年的？当查不到某一特定文献时，时间的差错是应考虑的一个主要原因。工具书的材料收录范围很讲究时间性，传记、书目、年鉴、索引尤其如此。

③地域范围。确定地域范围既要考虑课题研究领域领先的国家、地区、机构(包括机

构里面的研究人员），还要考虑如何迅速准确地检索信息资料。

（2）明确课题的学科性质和技术内容等情况。学科范围越具体、越明确，越有利于检索。要根据待查课题的学科性质和技术内容来选定相应的检索工具，并从中正确选定检索标识（检索入口），确定检索途径。

①所处理问题属于多学科或交叉学科时，要分别列出多学科或交叉学科的相关部分，有利于确定所需情报在复杂的学科体系中的位置，还有利于从分类途径检索时选用上下位类来扩大或缩小查找范围。

②分析内容的深度与广度反映内容分析质量的高低。假若仅用某一简单的概念大致指出是什么事物，那么检索时只要选用较为宽泛的简单主题词就可涵盖整个需求的内容；如果用复杂概念来表达（事物的特征、某一方面、某一部分的问题），那么检索时需要的检索标识数量较多，从而检索途径相应增加，取得所需信息的可能性也会增加。

③在进一步分析主题概念时，还要将需求的全部主题概念展开。如“国际金融投资流向”，对这个大概念需要展开美、英、法、德、日等投资大国在某些国家和地区的投资这些小概念，只是对号入座般地选用“国际投资”这个主题词，得到的文献可能是笼统地、不分国别地研究国际金融投资的文献。特别是，需求中有的概念是明确的，有的可能是隐含的，要弄清这些概念之间的关系，如主从关系、并列关系、交叉关系、相关关系；要确定哪些是主要概念，哪些是次要概念，要敢于舍弃那些与课题无关的概念，以使分析出的概念少而精，为计算机检索构造一个十分有用的检索式。

（3）明确课题的分类、确定检索工具。关于研究的课题主要分为两类：

①需要查找某一特定的文献，或与某一主题、学科内容相关的文献，这就需要考虑文献检索类工具书（二次文献）。例如，要查找动植物营养分析方面的文章，就要用索引、文摘；要找各类图书，就要用卡片目录、书本目录、馆藏目录，还可访问电子书刊网站、网上书店、电子图书馆等。

②需要查找具体的事实，如统计数据、人名、符号、图表、地址、机构概况、法律条文、术语等，这就需要考虑专为解决这些类型问题而设计的三次文献类工具书：统计年鉴、传记工具书、机构名录、手册、字典、词典、辞海、指南、百科全书等，以及包括这类检索工具的参考工具类网站。

总而言之，课题的类型没有严格的界限，而且可互相转化。比如，事实类的问题可以通过查找文献来解决，而对文献类的问题经过进一步分析后，也可利用三次文献中的某一工具书来解决。

（4）正确利用各种文献类型。在进行课题分析时，课题中的文献涉及的类型很多，如报纸、期刊论文、会议论文、文集、图书、专利、专利报告、标准、科技报告、单位论文、报纸论文、资料、特种文献等。因此，仅仅指明需要某主题的近期文献还不够，应弄清楚需要哪一类文献。一般地说，非专业人员接触的文献种类较少，并且总是偏重于平时常用的几种文献类型（如期刊等），很少考虑到其他文献来源。所以，用户在从事信息资料检索时，应根据专业检索人员的指导，扩大自己的检索思路，特别是在单一类型的文献中所查询到信息的数量、质量不十分满意时，应使用那些常常被人们忽略的会议录、报告和政府文献获取可靠和有价值的情报资料，还能作为查获原文献的依据，从而准确记下文献出处。

（5）正确分析“已知”和“欲知”信息：

①杰霍德在《图书馆员和参考咨询》一书中指出，“不管是简单明了还是复杂冗长的提问，经过分析后都可以重新组合成两个部分：‘已知’（Given）信息和‘欲知’（Wanted）信息。每部分又可以提炼出核心信息（Essentialinformation）。已知核心信息是所有线索中的关键部分，失去核心信息，其他补充信息全都不可利用。把分析后的两部分合在一起，一个看似冗长的问题就可能非常明确简单。”这种方法可以用来分析信息中的每一个问题，有助于用户从烦琐复杂的需求提问中理出头绪，便于分析哪些是检索的目标和相关内容，哪些是检索条件，以确定检索范围。假若“已知”和“欲知”两者中有一个不明确或欠缺，这就是线索，它揭示用户在开始查找前一定要经过仔细的思考或咨询，进一步理清疑问，明确检索需求，便有利于顺利进行信息检索，获取文献资料。

②叙词语言是以叙词作为文献存储和检索标识的一种检索语言。所谓叙词是指一些以概念为基础、经过规范化处理、具有组配功能的动态性的词或词组。概念组配是叙词语言的最主要特征。如“彩虹电器”的标引，字面组配为“彩虹”+“电器”，显然“彩虹”一词是虚假的；然而用概念组配则为“彩虹牌商品”+“电器”，“彩虹牌商品”就避免了虚假组配，防止了检索“彩虹电器”时把有关“彩虹”方面的文献误检出来。

人的思维具有概括性，许多错综复杂的提问经过概括后就变成了咨询专题。杰霍德和布朗吉尔把大量“已知”和“欲知”信息归并成若干专题，并转译成叙词（Descriptor），例如，“已知”信息可以概括为“缩略语”“人物”“地名”“机构”“术语或主题词”“期刊论文”“专利文献”“特定出版物”；而“欲知”信息可以概括为“课本”“日期”“符号”“图表”“数据”“机构”“人名”“地址”“出版物”等。若将专门解决某类“欲知”信息的检索工具与问题中的叙词相匹配，就可选出能提供答案的最合适的工具书。如查“克林顿现在的住址”，按叙词分类可译成“（已知）人名（欲知）地址”，这样就能确定专查人物地址的工具书（如履历型传记工具书或传记数据库）。确定具体的工具书后，“已知”信息还能作为检索点来查阅有关的条目。因此，用户分析“已知”和“欲知”信息的过程实际上也包含了确定检索工具的类型。

（6）确定课题对查新、查准和查全的指标要求：

①若要了解某学科、理论、课题、工艺过程等最新进展和动态，则要检索最近的文献信息，强调“新”字。②若要解决研究中某具体问题，找出技术方案，要检索有针对性、能解决实际问题的文献信息，强调“准”字。③若要撰写综述、述评或专著等，要了解课题、事件的前因后果、历史和发展，则要检索详尽、全面、系统的文献信息，强调“全”字。

（二）选择检索工具

检索工具很多，除了需知道哪类问题该用哪类工具书解决外，还要熟悉一些具体工具书的内容范围、特点、编排结构，以及工具书之间的相互关系，包括内容和时间的联系。只有这样，才能运用自如地选样，有的放矢地进行查找。还要掌握检索工具的方法、原则和类型。

（1）选择检索工具的方法：

①在检索工具齐全的大型图书馆、信息研究所中，首先应使用国内外检索工具指南来指导选择。常用的检索工具指南有《国外科技文献检索工具简介》《国外科技文献单卷检索工具书简介》及有关科技文献检索方面的教科书、手册等。②在国内外检索工具指南缺藏的情况下，可以采取浏览图书馆、信息研究所的检索工具书室所陈列的全部检索工具，以决定取舍。③从所熟悉的检索工具中选择。

（2）选择检索工具的原则：

①检索工具所收录的文献必须覆盖检索课题的主要内容。②所选检索工具就近有收藏，能够查阅。③选出的检索工具质量较高，即收录文献量大、报道及时、索引齐全、使用方便。④还要熟悉检索工具的文种。

在四大原则的基础上还应考虑以下因素：

①若研究某一理论在某种工艺上面的应用或研究某种产品的设计、试制、生产工艺、质量等方面的问题，则要求查全、查准国内外信息。如“植物组织培养及其在生物技术上的应用”，针对这一问题应使用综合性、专业性、特种文献的检索工具，还要直接浏览有关核心期刊。②若要借鉴国内外新产品、新设备，应选择专利检索工具、产品、目录或样本等。③若要求检索的文献专业性强且专深，应选择专业性及有关特种文献的检索工具较好。④若利用计算机检索，应选好相应的文档（倒排文档、顺排文档）。

（三）确定检索入口

用户所需的文献信息确定后，下一步应考虑如何从中找到所需的信息。检索途径的种类很多，使用者应根据“已知”信息特征确定检索入口。所有的文献特征可分两大类：内容特征（分类、主题、关键词）和外表特征（题名、著者、序号等），因此文献检索的入口途径也相应分成如下两个方面：

（1）依据所需文献内容特征。以文献内容特征为检索入口的途径有分类法途径、主题法途径、关键词法途径等。

①分类法途径：按照科学分类的观点，运用概念划分和归纳的方法，在有学科逻辑、有内在联系的知识体系中查询所需文献信息的方法。分类是区别事物及其相关联系的一种方法，是人的思维活动的一种本能。常通过分类索引、分类号或类别来进行检索。例如，我国编制的信息检索工具，主要按《中国图书馆图书分类法》或《中国图书资料分类法》分类，用固定的号码表示相应的学科类别。如“T”代表工业技术大类，“TH”表示机械、

仪表工业类，“TP”表示自动化技术、计算机技术。这样凡是属于机械、仪表工业类的文献，以及经过加工形成的目录、文摘等都集中在“TH”类。

分类法途径的优点是比较能体现学科的系统性，反映事物的派生、隶属、平行的关系，便于从学科专业角度来检索，满足族性检索的要求。其缺点是由于分类法把人类知识按线性层次划分，不适合当今边缘学科、交叉学科的发展需要，横向查找较吃力。另外，用分类切割知识的“块”较大，不利于查找细小单元的“微观”检索，造成漏检和误检，影响检索结果。不论使用哪种检索工具书，必须先浏览工具书采用的分类法（或分类简表），弄懂类号的等级次序、类目的排列和划分、类名的含义，以及有关的说明、注释。

②主题法途径：通过分析所需文献信息的内容，找出能代表这些内容的概括性强、专指度高的规范化名词或词组（主题词），并按所选用主题词的字顺（字母顺序、音序或笔画顺序等）来查找文献。

主题法途径与分类法途径的相同点是适宜先查主题词表，从词表中选择最恰当的主题词。不同点是用主题法可不受分类体系中知识的线性排列的约束，又接近自然语言，避免那种分门别类查找答案的弊病，使检索更直接、方便、快捷。

主题法途径的优点首先是表达概念准确，灵活，可随时增补、修改，以便及时反映学科新概念；专指性强，可用来检索较为专深细小的知识单元。其次适合查找比较具体、专深的课题资料，并能满足复杂概念和交叉、边缘学科检索的需要，具有特性检索的功能。其缺点是缺少学科系统的整体与层次概念，使分类法中紧密相连的知识在主题法中被字顺分割，因此，用主题法能得到较高的查准率，但查全率低。此外，它还要求使用者必须具备较高的专业知识、检索知识和外语水平。

③关键词法途径：有的系统称为自由词，这是通过题名的关键词为检索入口查找文献信息的方法。关键词法具有主题法的部分功能，在一定程度上能揭示文献的内容特征，如题为“生物基因信息的检索”的论文，用户可从“生物基因”“信息”“检索”这三个检索点去查找。

关键词法途径的优点是使用的是自然语言，作为检索标识易被掌握，使用方便。其缺点是自然语言所产生的同义词、近义词、多义词未加规范，易造成歧义和误差，给选用检索点带来困难，造成漏检。

在光盘数据库或网络上查找信息，常会遇到从分类途径或是主题途径或关键词途径查询的选择。如一个计算机杂志网站，既出现在计算机类目中，又出现在杂志类目中，这种情况除了在菜单中选择相关类目，还可在检索框中直接输入检索词，如著者、题名、关键词和主题词（《中文社科报刊篇名数据库》还可进行出处、年份、人名检索），其中“题名字段”可全文检索，用户输入单汉字或自由词（词组，字数不限）进行检索。

（2）依据所需文献外表特征。以文献外表特征为检索入口的途径主要有题名途径、著者途径和序号途径等。

①题名途径：根据已知的书名、刊名、篇名、会议名称按字顺排列规则在工具书中查

找所需文献信息的途径。它是我国书目索引的传统和主要特色之一。多用于卡片式目录工具，如外文图书题名卡片目录。目前，我国文献著录逐步向国际标准靠拢，工具书收录的文献开始出现按著者排列的情况，但仍以题名为主要检索途径。在西文工具书中，文献的题名只做辅助检索途径，做书名索引附于书后。在主题和著者混合排列的目录或书目中，题名仅是附加款目。西文索引很少提供篇名途径，否则按著录规则篇名不得不做主要款目（Mainentry）的标目。加之，文献篇名较长，检索者还要注意冠词、数词的排列方法，造成相同内容文献分散，不能满足族性检索的要求，因此以篇名为检索点的查全率较低。

②著者途径：就是以著者（个人或单位著者）为检索点查找文献信息的途径。国外比较重视著者途径的利用，而我国工具书中文献的排列方法正好与西文工具书相反，著者途径仅是辅助检索途径。西文工具书中的著者款目所载录的信息较其他款目完备，因此，我国用户往往不以著者为检索点查找文献；再者，西文著者姓名倒置、复姓、前缀的取舍等问题也给中国用户检索带来困难。同一著者的文章具有一定逻辑联系，以著者为线索可系统、连续地掌握他们的研究水平和研究方向，能满足族性检索功能的要求。如果知道课题相关著者姓名，便可依据著者索引查到符合课题要求的部分文献，因此，著者途径又具有特性检索功能。

③序号途径：它是根据文献序号特征，按号码顺序如专利号、标准号、报告号、国际标准书号、电子元件型号、入藏号等查找文献的方法。这种途径多见于查专利文献、科技报告、政府文献和从文号查档案文件。如果知道文献的号码，利用相应的对应号码索引，检索文献既快又准，具有特性检索功能。

（四）查找文献线索

一般地讲，在确定了检索工具、检索途径和检索方法后，便可根据课题要求进行检索。在各种检索工具中，我们能查找到的实际上只是所需文献资料的线索或一些相关文献的出处，如果确实感到还不能满足要求，而且确认所得的线索有一定参考价值，就需查原始文献，判定文献主题内容是否符合检索要求，还要根据所查得的线索进一步检索以获取原文。

（五）索取原始文献

通过各种检索工具获得所需的文献线索后，下一步就是利用馆藏图书目录或报刊目录获取原始文献。由于馆藏目录或者联合目录一般提供了文献的索取号和藏址，索取原始文献时，只要严格履行借阅手续或馆际互借手续就可以了。但是，要想迅速准确地索取原始文献，并不那么容易，而是一件非常细致的工作，尤其是外文资料。原始文献获取率的高低，与馆藏的多少、获取方法正确与否有关。因此，获取原始文献是检索文献的最后一个步骤，也是至关重要的一个步骤。索取原始文献的步骤是：

（1）掌握索取原文的必要信息。要正确地找出索取原文所需的题名、著者姓名、出版单位、出版时间及详尽的出处，首先必须弄清楚各种检索刊物的著录格式，以及机检打印单的打印输出格式。各种检索刊物的著录格式略有不同。例如，《英国在版书目》（British

Booksin Print）上的出版时间的著录格式很容易被误认为出版价格。引文索引和关键词轮排索引中的题名常常被截取。在联机检索中不同系统的打印格式均有区别，甚至同一系统中还有几种不同的输出打印格式，如 DLALOG 系统就有 8 种输出打印格式。

①刊名。期刊文献是使用最多的参考文献。国内外期刊在国内各主要情报机构中都有普遍收藏。其中国内出版的期刊在北京图书馆、中国科技情报研究所重庆分所以及上海图书馆中收藏得最为完整。因此，期刊文献相对于其他类型的文献，较容易获取原文。

检索工具中著录的文献出处，几乎全部采用缩写名称以节省篇幅。因此，把那些所采用的刊名缩写还原成刊名全称是索取原文的一个主要工作。多数检索刊物都附有引用出版物一览表，供查对收录的出版物全称所用。如果文献的线索出自文后参考文献或手抄件，还要查阅专门的刊名缩写检索工具，如《国际期刊名称缩写规则》[ISO-4-1972（E）]、《国际期刊名称用语缩写一览表》[ISO-833-1974（E）]、《期刊刊名缩写》（Periodical TitleAbbreviation）。在西文检索工具中，俄文、日文、中文刊名在英文文摘中一律采用拉丁文音译形式著录，故在翻译时应首先将其缩写刊名还原为全称，然后查阅有关音译转化为工具书。

②文献类型。检索刊物中收录的文献类型大多来自期刊，但也混有其他类型的文献，如图书、会议文献、科技报告、专利文献、学位论文、技术档案、会议报告等。各种类型的文献特点不同，著录的格式上有微小差异，要善于辨认出这些区别。如凡有出版商简称和出版地、出版年的是图书，有年份、卷期号的一般是期刊论文，有专利代码的是专利文献，有会议类属词及会期的是会议报告等。检索刊物前的缩略语及符号一览可供参考。现代式的脱机或联机检索可依据打印单上文献类型字段中的代码鉴别出版物类型。

③论文著者地址。要索取会议论文、学位论文、公司报告以及一些尚未公开发表的文章的原文，必须索取论文著者（个人著者、团体著者或公司、机构等）的详细地址。

（2）索取原始文献的途径：

①本单位的图书情报部门。这是索取原文最方便的途径。应首先立足于本馆或本情报所，其次才是附近的图书馆或情报中心。如本馆及附近情报中心缺藏时，再利用全国图书、期刊联合目录和馆藏书刊资料目录。如果读者目录有缺省，应利用公务目录、典藏目录。

②掌握国内主要或对口图书情报机构馆藏信息。还要了解各馆收藏国内外文献资料的情况，如查获某馆已收藏，利用联合目录或网络，由近及远地查找，必要时，通过函索、委托出差人员代索、馆际协作及借阅复制索取原文。

③通过著者获取原文。与国外的论文著者写信索取复制件已是国际上通行的学术交流方式。据统计，每年全世界向著者索取抽印本有数百万件。索取抽印本需在论文发表后较短时间内进行。

④通过检索刊物的出版机构获取原文。情报科学研究所内设有原迹论文服务，能使用户看到照片、彩色版图及复杂的图像资料。有些非营利性出版物是商业书目不收录的，要索取这些文献，可通过信息服务名录或学术机构掌握有关信息，然后通过函索方式获取出版物以索取原文。

⑤利用互联网索取原文。网络是获取原文的最主要和方便、快捷的途径。近年来，随着信息高速公路的发展，全文数据库、网络电子报刊的数量在急剧增加。电子报刊以其出版周期短、传输速度快而比印刷版期刊具有更明显的优势。目前，多数电子报刊都能通过其出版社网页提供订阅或免费查阅服务，并由提供的二次文献扩大到一步到位的全文电子报刊检索服务，满足了用户直接对其他相关报刊、文献查询的需求，由此，传统“检”和“索”的界限正在网络环境下消失。

⑥利用国际联机检索终端向国外订购原文。若用户急需原文，而一般的订购渠道又很慢，就可以采用这个途径。订购时需填写“联机订购原文申请单”，注明文档名称及代号、原文题目、著者、出处，等等。这是一种较快的订购办法，需半个月左右，但费用昂贵。

（3）办理借阅或复制手续：

①在馆藏目录中查得文献，该馆有收藏，可按规定办理借阅手续或复制手续。

②在联合目录上查到文献，可通过一定的手续办理馆际互借、函索和复制。

第四节　信息检索的方法

一、信息检索方法的含义

（一）检索方法

检索方法就是利用检索工具按照一定的方法从不同检索工具中查找所需的文献信息资料。

（二）制约检索方法的因素

查找就是实施检索策略、搜寻所得文献信息的过程。同一问题不同的检索者可能会有不同的查找方法，这是因为他们在主观上受实际经验、知识结构、对检索工具了解的广度和深度、认识问题的方法、心理品质等因素的影响；在客观上又受检索工具、检索时间和物理环境等因素的影响。

二、检索方法的类型

随着文献信息量的剧增，信息资源的品种很多，数量很大。传统图书馆信息资源以纸张为载体的知识记录，而现代信息资源包括电子文献、网络上信息资源。由于电子文献存在版权等问题，目前，图书馆馆藏仍以印刷型为主，文献信息的检索方法在保持传统检索方法的同时应加以改进。常用信息检索类型有下列几种：

（一）广度优先法

用户使用网址查询信息资料，如果不知道怎样查找某一专题信息的URL地址，可以从提供信息总目的Web页面开始浏览，沿着专题链接层层查找，直至找到有关的内容为止。然后用“书签”保存这个页面的URL，转向另一个分支。这种方法可以迅速获得相当多的相关地址、文献出处，然后进行筛选、整理。就使用引擎而言，国外专家也建议先用链接页面多、响应时间快的引擎。

（二）引文法

引文法又称为跟踪法、追溯法、广度法。就是利用文献后所附的参考文献、相关书目、推荐文章和引文注释查找相关文献的方法。这些材料不仅指明了与读者需求最密切的文献线索，而且包含了相似的观点、思路、方法，具有启发意义。文献之间的引证和被引证关系揭示了文献之间存在的某种内在联系。循着这些文献线索去查找，不仅有效利用了前人的劳动成果，节省了很多时间和精力，还能在原来的基础上有新的发现、发明创造。

利用原始文献所附的参考文献进行追溯，最好是首先查获一两篇与研究课题的主题内容相关的述评或专著等三次文献。这类三次文献本身相当于一个小型专题情报源，它往往附有大量的涉及课题各个方面的参考文献。以此作为起点进行追溯。这种方法只适用于手边没有什么检索工具时采用，它没有利用检索工具进行检索那样全面和系统。

引文法又可分为两种，一种是由远及近地搜寻，即找到一篇有价值的论文后要进一步查找该论文被哪些其他文献引用过，以便了解后人对该论文的评论、是否有人对此做过进一步研究、实践结果如何、最新的进展怎样，等等。由远及近地追寻，越查资料越新，研究也就越深入，但这种查法主要依靠专门的引文索引，它是引文法高效率地查找文献的最有用工具，如《科学引文索引》（Science Citation Index）、《社会科学引文索引》（Social Sciences Citation Index）。另一种较为普遍的查法是由近及远地追溯。此法是利用文献末尾所附的参考文献，由一变十，由十变百地获取更多相关文献，直到满足为止。这种方法适用对历史研究、背景资料的查询，查获的资料越查越陈旧，追溯得到的文献与现在的研究专题越来越疏远。因此，最好是选择综述、评论和质量较高的专著作为起点，它们所附的参考文献筛选严格，并且附有评论。

（三）常规法

常规法是利用文摘、题录或索引等各种检索工具来查找文献的方法，也称工具法、直接法、普通法。由于这种方法是目前查找文献中最常用的一种方法，所以又叫常规法。按照所查文献时间的顺序，常规法可分为顺查法、逆查法和抽查法。

（1）顺查法。它是以课题研究的起始年代为出发点，利用选定的检索工具如书目、索引、文摘，按时间顺序由远及近地查找文献的方法。查找前需了解该课题的背景、实质性内容和概貌，从问题发生的年代着手查起，直至感到满意为止。用此法逐年检出的文献可在一定程度上反映出该课题研究发展全过程，但耗时费力、效率较低。此法可用于事实性检索，但更多地用于文献信息检索。

（2）逆查法。它是由近及远地查找，起点是从最近发表的文献开始，直到设定终止的年代或查到所需资料为止。根据课题需求获取近期文献，即以“查准”为主时，最好采用逆查法。对一些新的研究课题可采用逆查法，此法查全率较高，且较省时间。

（3）抽查法。任何一门学科的专题研究都是起伏交替地发展。由于兴旺时期发表的文献量大，各种学术观点较为集中，如果针对课题研究处于兴旺时期的若干年查找，则可获得较为满意的检索结果。此法费时少、查全率高，但必须熟悉学科或研究专题发展的历史。

以上三种是信息时代应掌握的最基本的信息查找方法。现在文献的书目控制手段逐步完善，各种印刷版、缩微版、光盘版和网络版的检索工具层出不穷，有充足的挑选余地，用户应根据自己的检索知识和条件选择一种或几种检索工具。

（四）循环法

循环法亦称交替法、分段法和综合法，就是把引文法和常规法结合起来查找文献的方法。根据结合的不同，又可分为复合循环法和间接循环法两种。

（1）复合循环法。它是利用常规检索工具查出一批有用的文献，再利用这些文献内所附参考文献中提供的线索，追溯查找（先常规法，后追溯法），或先掌握一批文献后所附的参考引用文献线索，分析查找这些文献所适用的各种检索途径，再利用相应的检索工具扩大线索，获取文献（先追溯法，后常规法，循环使用）。

（2）间隔循环法。它是利用常规检索工具查出一批有用文献，然后利用这些文献所附参考文献追溯扩大线索，然后跳过几年（一般为 5 年）再用常规法查找，查出一批有用的文献后再进行追溯，如此循环检索。可跳过 5 年再直接从工具书中查找文献，这是因为根据文献发表的特点，一般 5 年之内的重要文献都会被利用。总之，循环法是一种“立体型”的检索方法，检索效率较高。其中，复合循环法比间隔循环法完善，但间隔循环法能弥补因检索工具缺乏而造成漏检的损失。

（五）直查法

直查法亦称浏览法，是根据检索要求，不通过检索工具，而是直接查阅书刊来选择文献资料的一种方法。运用直查法可采取下列三种方式获取文献信息：

（1）凭浏览获取文献信息。一些人日常有浏览文献的习惯，但有一定的浏览范围，如某个组织机构的出版物、某几种刊物、某个图书馆馆藏文献，如有需要便及时利用，或在大脑中记忆下来，需要时直接索取。

（2）靠积累获取文献信息。有些人在治学和研究过程中，根据自己的见解，建立了个人信息库，如笔记、卡片等，如需要也可直接获取文献。

（3）利用核心文献。用户在检索目的明确的情况下，可直接查阅核心期刊、经典著作以获取所需文献信息。期刊具有出版周期短、时效性强等特点，对研究时间紧迫又对文献新颖性要求高的课题，直接查阅核心文献是有效的。

（六）排除、限定和合取法

这是现代化的检索方法，实际上是将信息加工的方法融入检索中。

（1）排除法。它是指对查找对象的产生和存在的状态在时间和空间上加以外在否定。将这种方法移植到检索中就是在时间和空间上极大地收缩检索范围。

（2）限定法。它相对于排除法而言，指对查找对象在时间和空间上加以内在的肯定。排除的结果必然是限定，反之亦然。

（3）合取法。使用户满意的答案往往不是完整地记录在某一篇文献中。若把不同资料中涉及所需信息的记录都裁取下来，汇集在一起，再经过去粗取精、去伪存真的加工，就构成一个完整的答案，即为合取法。采用这种方法，不仅要对各类工具书触类旁通，灵活运用，还要学会分析来自各方面的庞杂材料。以上几种检索方法各有其优缺点，而不同的科学研究领域对文献信息的需求有所不同，对信息的载体和检索手段的利用也有区别，特别是在社会科学领域与科学技术领域。具体采用哪种方法合适，主要根据检索条件、检索要求、学科特点而定。科技文献具有较强的知识积累性，文献老化周期大大短于社科文献，新发表的论文基本能将在它之前已有的相关知识收进去。因此，查询科技信息要注重期刊论文、研究报告、会议录和专利这类文献，其检索手段更强调利用时效性强的现代化检索工具。对社会科学的研究除要吸收新知识外，还要注意以往的研究成果，几十年前的研究成果同样具有权威性、参考价值。它对图书这种包含比较成熟、定型的知识的文献非常关注。社科文献的检索除了利用较新的载体和手段，也不能偏废传统的载体和手工检索方式，尤其是多年积累的文献还没有条件电子化，这是用户考虑检索时需注意的。

第六章　文献检索语言和检索方法

语言，一般分为自然语言和人工语言。人工语言，是人类为了特定的目的根据预先制定的一套规则而编制的语言。计算机语言、文献检索语言及世界语言等都属于人工语言。

第一节　文献检索语言的概念及作用

一、文献检索语言的概念及构成

（一）文献检索语言的概念

我国是一个历史悠久的文明古国。早在公元前26年，汉诏光禄大夫刘向及其子刘歆等人就编成了我国第一部分类目录《七略》。以后仿照七略体系，王俭、阮孝绪编制成分类目录《七志》《七录》，构成了我国古代图书分类法的七略系统，形成了文献检索语言的框架。《隋书·经籍志》记载："魏秘书郎郑默始制中经，秘书监荀勖又因中经更著新簿，分为四部，总括群书。"这就是我国最早的"四分法"。到清代，编《四库全书》时，四分法就比较成熟完善了。《四库全书》收书3461种，79309卷。据不完全统计，目前全世界每分钟要出一本书，而我国在2000年就出版新书10万余种，如果杂乱无章地堆积在那里如一座小山，那么要想找一种所需要的文献信息资料是多么难啊！

为了存储有序、查找方便，世界各国都在创造各自的检索语言。这种人工语言就是从自然语言中精选出来并加以规范化的一套词汇符号，是概括文献信息内容或外在特征及其相互关系的概念标识体系，是沟通文献信息存储和检索两个过程中信息标引人员和信息检索人员双方思路的桥梁，又是编制检索工具的各种索引的依据，也是计算机化的信息存储系统用以表达文献信息主题概念和检索课题概念的人工语言。从某种意义上来说，它是一种文献信息识别的符号体系。所以它的全称就是文献存储与检索语言。

（二）文献检索语言的构成

文献检索语言是由检索语言词汇和检索语言语法组成的。检索语言词汇，是指登录在类表、词表中的全部标识。一个标识（分类号、检索词、代码）就是它的一个语词，而分类表、词表则是它的有序组合。检索语言语法，是指如何创造和运用那些标识（单个标识或几个标识的组合）来正确表达文献内容和情报需要，以有效实现文献检索的一整套规则。它又分为词法（主要用于分类表、词表、代码表的编制过程）、句法（主要用于文献标引和情报检索过程）。

二、文献检索语言的功能和基本要求

（一）文献检索语言的功能

文献检索语言的功能与普通语言的功能是相同的，都用于交流。两者的区别在于，前者应用范围较窄、较专。它专门用于文献或信息的存储和检索过程中、标引员和检索者之间以及人与计算机之间。

检索语言的具体功能是：

（1）描述与表达功能，即描述文献或信息的特征与表达检索需求；

（2）组织与系统功能，即把文献或信息组织成便于检索与利用的有序系统；

（3）控制与管理功能，即对检索词进行规范化的控制与管理。

（二）文献检索语言的基本要求

检索语言是情报检索专用的人工创造的书面语言，而不是人们普遍使用的普通语言，因此，它除了具备普通语言的特点外，还有一些基本要求：

（1）检索语言应当接近自然语言，应当由利于检索者理解和掌握的词汇、词法和句法组成。虽然检索语言是专供检索者查找文献而用的，但检索者不可能都是经过专门训练的，这就要求检索语言来自自然语言。

（2）检索语言应当便于计算机识别和处理。一般地说，计算机只能读出和比较各种代码，告诉检索者比较的结果是否匹配，而不可能找出检索语言中的语义含混和逻辑错误。这就要求检索语言比自然语言更严格。

（3）检索语言应当能够适应计算机程序分析能力。现在越来越多的索引是由计算机编制的，机编索引程序的分析能力有限，虽然能够从文本中抽取合适的语词或句子，形成检索词和摘要，却不能创造和修改句子。因此，设计检索语言要与计算机程序的分析能力联系起来加以考虑。

（4）检索语言应当充分考虑索引的经济效益。网罗性和专指性是检索语言的重要特性，但是，过分强调网罗性和专指性，就可能降低检索速度和提高编制成本，就要以牺牲检索速度和编制成本为代价，因此，要在这两个方面进行权衡。

（5）检索语言应当能够及时更新。科学技术在不断发展，文献用语和提问用语也是动态变化的，与之相适应，检索语言也要跟上时代的步伐，及时吸收新概念、新词汇，淘汰过时的概念和词汇。

（6）检索语言中的语词应当有相应的文献和提问做保障。检索语言是供标引和检索使用的，它必须满足标引和检索的实际需求，因此，检索语言中的语词必须是来自文献和提问的，有相应的文献和提问存在。如果检索语言中的语词既不是文献使用的，也不是提问使用的，那么就不适合检索语言。这恰恰是检索语言与各学科领域中的概念的区别所在，也是不同于自然语言的重要一点。

三、文献检索语言的作用和评价

（一）检索语言的作用

检索语言的作用是沟通信息标引者和检索者，使标引人员和检索者在不同时候和不同情况下在描述同一信息特征时保持一致。由于信息检索的匹配过程是通过检索语言的匹配过程来实现的，检索语言的质量好坏以及对它的使用正确与否，就直接影响检索率的高低。检索语言所起到的作用是：

（1）它保证不同的信息标引人员描述信息特征的一致性。信息标引人员由于自身的学历、专业、经历、理解、思维方式的不同，在对同一事物进行描述时，会产生不一致性。专用的检索语言力求最大限度地避免这种不一致性的产生。

（2）它保证检索提问词与信息标引的一致性。检索者和标引人员对同一事物的理解是不一致的，检索语言在检索者和标引人员之间架起桥梁，保证检索提问词和标引词的一致性。

（3）它保证检索者按不同的信息需求来检索信息时能够获得较高的查全率和查准率。检索者的信息需求类型是多种多样的，获得信息的途径也是多方面的，检索语言应力求将信息检索中的漏检现象和误检现象控制到最低限度。

（二）检索语言的评价

评价检索语言的质量和性能的标准是：

（1）单义性。在标引和检索中，由于每个检索词都脱离了原来的上下文语言环境，所以，单义性非常重要，否则，就会造成混乱。所谓单义性，是指词和概念必须是一一对应的关系，也就是说，一个词只能对应一个概念；反之，一个概念也只能对应一个词，不允许有一个词对应多个概念或一个概念对应多个词的现象存在。简而言之，不能出现一词多义、一义多词和模棱两可。检索语言中的模糊性是由同义词和多义词引起的，但同义词的产生和多义词的产生是彼此无关的。

（2）专指性。所谓专指性，是指词揭示文献概念的专深程度，即词与文献主题概念的内涵和外延相吻合或接近的程度，它是检索语言确定一个主题事物、区分不同主题事物以及在不同准确度上描述或表达一个主题事物的能力，也是衡量检索语言性能的主要指标之一。如果专指性不足，将检出数量较多、内容过泛的文献，降低了检准率。为了保证专指性，检索词表应具备一定的规模，达到一定的网罗度。利用检索语言的专指性，可进行特性检索和缩检。

（3）泛指性。所谓泛指性，是指词概括文献主题或同类事物的能力，也叫概括性，利用检索语言的泛指性，可以进行族类检索和扩检。

（4）组配性。所谓组配性，是指词与词之间相结合表达新概念或复杂概念的能力。检索语言的组配性可以适应各种检索要求（如特性检索、族性检索、缩检和扩检），也可以适应学科专业领域的发展变化，还可以适应计算机检索设备的特点。检索词表中的词应当具有适当的先组性，即有一定数量的复合性。

（5）关联性。关联性是指把具有各种关系的词联系起来，全面准确地提示各种逻辑关系的能力。词间的逻辑关系可以概括成等同关系、等级关系和相关关系。

（6）兼容性。兼容性是指与其他检索语言互换、互通的能力。如双语种检索语言和多语种检索语言等。

（7）简洁性。一方面，语词（包括分类号）的长短要适当，达到最小冗余；另一方面，语义关系的展示和语法使用规则要简单易懂，便于掌握和处理。

（8）经济性。经济性包括以下几个方面：①选定合适的标引词描述文献主题内容时所付出的时间代价；②选定合适的检索词表达检索提问时所付出的时间代价；③规范表的编制和维护的费用；④改正标引误差所需要的费用；⑤规范表使用的培训费用。

实际上，检索语言在一定意义上是一种存储语言，因为这种语言是由存储者创造的。在使用时，“存”者在先，“索”者在后；“存”者先入为主，“索”者被动接受。因此，检索者就有必要掌握检索语言。掌握了检索语言，犹如过河解决了桥与船的问题、开门有了钥匙、捕鱼有了网、浏览名胜有了向导、语言不通有了翻译一样。

第二节　文献检索语言的类型

目前，世界上有两千余种检索语言。其主要类型有：

一、按特征可划分为内容特征语言和形式特征语言

这两大类检索语言又可分别细分成具体的检索语言。

一般来说，形式特征语言都是文献本身已有的，显而易见的特征语言。如文献题名、作者姓名、文献代码等，把它们作为标识就构成形式特征语言，供标引和检索时使用。这类语言的突出特点是客观性和唯一性。

内容特征语言又可分为自然语言和受控语言。这里的自然语言不是以语音为物质外壳的语言，是直接把文献和提问使用的语词作为检索词的检索语言。关键词是最常用的自然语言。自然语言的主要优点是文献用语和提问用语非常丰富，检索词自动表达方式灵活，标引员和检索者省力，系统维护成本低，检索词和文献用语及提问用语能够同步更新。自然语言有两个缺点：一是由于文献用语和提问用语的复杂性和多样性，语词和概念之间存

在着“一对多”（多义词）和“多对一”（同义词）的现象，特别是在检索词脱离了上下文的情况下，发生歧义的可能性很大，容易造成漏检和误检。二是词间的语义关系往往是隐含的，也容易造成误检。

受控语言是在使用前经过优选和规范化处理的检索语言，因此，也叫规范化语言。词汇控制的主要目的是把同义词集中和统一起来，消除多义词的歧义性，确保标引的一致性和准确性，使词间语义关系由暗转明，把全部词汇组成一个有机整体。常用的控制方法包括建立知识分类体系、概念等级结构和参照系统。作为语汇控制工具，通常编制出规范表，如分类表、标题表、叙词表等。受控语言和自然语言的优缺点是相反的，它们的作用也是互补的。

与形式特征语言相比，内容特征语言具有如下特点：

（1）在描述文献特征和表达提问特征方面，深度更大；

（2）在标引和检索时更加依赖标引员和检索者的智力判断，因而，不可避免地带有主观性和多样性；

（3）语言结构及其使用规则十分复杂。

正因为如此，对内容特征语言的研究成为检索语言的研究中心，甚至有的人把它看成是检索语言的全部。

二、按组配方式划分，检索语言可分为先组式语言和后组式语言

我们知道，标引发生在检索之前，所以，如果组配发生在标引时，即在检索前检索词已经由标引员组配好了，检索者只能使用预先已组配了的检索词实施检索，这种检索语言称为先组式语言；如果标引时没有进行预先组配，检索时再进行组配，这种检索语言称为后组式语言。后组式语言的基本出发点是：任何一个复杂的、专指的、具体的概念都可以通过若干个简单的、泛指的、抽象的概念组配而成。

先组式语言又分为定组式和散组式。所谓定组式，是指在编制规范表时，将所有检索词（包括分类号）一一列举出来，即将需要结合起来使用的单元概念或单元词预先组配成复合词，标引和检索时直接使用表中所列的检索词，不必再进行组配。标题表和体系分类表是典型的定组式语言。所谓散组式，是指编表时并不把检索词一一列举出来，而只是列举一些组配性能较强的基本词汇，并把它们分成若干个类目和组面，标引时将若干个词汇组配起来，从而表达复合概念。组面分配表是典型的散组式语言。

三、按结构原理划分，检索语言可分为分类语言和主题语言

（一）分类语言

分类作为认识和区分事物及其相互关系的一种思维方法，在人类历史上已有几千年的历史。长期以来，人类在实践中广泛地运用这种方法来认识和区别周围的事物，从日常生

活到探讨当代科学的发展，无不与分类有关。在对文献信息进行有效的管理过程中，分类的方法应用得尤为广泛。这是因为文献信息需求者一般都是在某个专业范围或某个学科中从事科研、教学、生产和管理等活动的，习惯于从学科和专业出发获取知识和信息。因此，用分类的方法管理文献信息是有效的。

分类语言是建立在科学分类的基础上，运用分类号和相应分类款目来表达各种主题概念的，它以学科体系为基础，将各种概念按学科性质和逻辑层次结构进行分类，按照学科体系从综合到一般、从复杂到简单、从高级到低级的逻辑次序逐级展开。常见的分类法有《杜威十进分类法》《中国科学院图书分类法》《中国人民大学图书馆分类法》《中国图书馆图书分类法》。目前分类法在我国使用最多的是《中国图书馆图书分类法》。一部完整的分类法由分类表、辅助表和使用说明三部分组成。

（二）主题语言

主题语言就是以表达文献信息主题内容特征的主题词汇概念为基础，经规范化处理形成的检索语言。由于主题词汇表达概念准确，所以主题途径是检索信息的主要途径。国内外几乎所有的检索系统都提供主题检索途径。主题词语言的具体表现形式是主题词表和主题索引。主题语言按照主题性质的不同，又分为标题词语言、单元词语言、关键词语言、叙词语言。

（1）标题词语言。标题词语言就是用以标明查询文献信息主题概念的规范词。标题词又大多分为主标题词和副标题词。如果采用多级标题，那么副标题词还可细分为第三级、第四级标题。主标题词和副标题词在编制标题词表时已固定组配好，所以又属于先组式检索语言。典型的标题词语言是美国工程信息公司出版的《工程标题词表》。

（2）单元词语言。单元词语言，是一种基本的、不能再分的单位语词。单元词语言是从文献信息内容特征中抽取出来，经过规范且只表述唯一独立概念的检索语言。常用的单元词语言检索工具有《化学专利单元词索引》和《世界专利索引——规范化主题词表》等。

（3）关键词语言。关键词语言是指从文献信息的题名、摘要或正文中抽取出来能揭示信息内容特征的自由词。除了某些自由词（如冠词、连词、副词、介词等）外，几乎任何具有实际意义的信息单元都能成为关键词。关键词语言是自然语言，由于它来自文章标题或文摘、正文，专指度高，用作检索词，查准率高。然而未经规范处理，又使其查全率较低。关键词语言检索工具如《科学引文索引》中的“轮排主题索引”，其关键词是从文献标题中抽取出来的自由词。

（4）叙词语言。叙词语言是经过规范处理的词和词组。叙词语言是以表达文献主题内容的概念单元为基础，经过规范化处理，可以进行逻辑组配的一种主题语言。它的基本性质是概念组配，概念组配是概念的分析和综合，而不是简单地依据字面意义进行组词和拆词。叙词语言是后组式检索语言，它有一套较完整的参照系统，能显示叙词之间的相互关系。对于熟悉自己专业词汇的检索人员来说，从叙词表中找到切题的叙词后，只要组配得当，就能大大提高检索效率。常用的叙词语言检索工具有《汉语主题词表》和《叙词表》等。

第三节　文献检索的方法、途径、步骤

一、文献检索的方法

文献检索方法是指查找文献信息的具体方法。选择科学有效的检索方法能够广、快、精、准地获取文献信息，提高检索效率。常用的几种具体方法是：

（一）追溯法

追溯法又称回溯法，它是利用引文索引或综述、述评文献、专著等文后所附的参考书目信息入手，查找相关文献，来获取所需文献信息的检索方法。这种方法查找的信息越早越好，但不需什么检索工具。其优点是：在没有检索工具或检索工具不齐全的情况下，也可以查得一批有关文献信息，直观、方便。其缺点是：原文作者引用的参考文献数量有限，而且有的引用文献与原文关系较小，参考价值不大。因此，查找文献比较费时，漏检和误检的可能性较大。美国的《科学引文索引》就是按照这一原理而编制的一种检索工具，它是从作者途径去检索引用该作者的有关文献，它不仅反映了某个作者历年来发表了哪些文章，也反映了该作者的文献被引用的情况，揭示了文献信息中引用与被引用的客观状况，从而沟通了引用文献和被引用文献之间的关系。这种关系实质上反映了课题信息文献之间的内在联系。

（二）常用法

常用法是指利用一定的检索工具获取文献信息的检索方法。这是一种正规的科学的文献信息检索方法，它节约检索时间，获取文献全面。应用时有以下三种方式：

（1）顺查法。顺查法是一种以检索课题起始年代为起点，按时间顺序由远而近地查找文献的方法。查找前需了解该课题的背景，通过有关的参考工具核实和深入了解该课题的实际内容和概貌，再选择比较适宜的工具书，从问题发生的年代查起，直到满意为止。其优点是：漏检较少，查全率和查准率较高；缺点是：这种方法耗时费力，工作量大。

（2）倒查法。倒查法与顺查法相反，从现在追溯到过去，由近到远逐年查找，直到满意为止。此法多用于新课题，或老技术新发展的课题。因为研究这些课题，近期的文献比较重要。其优点是：主动性强，先查近期文献，学科较成熟，情报量大，效率高又省时；缺点是：不如顺查法全面，有用的文献信息可能有漏检现象。

（3）抽查法。抽查法是根据研究课题的特点和需要，选择该课题研究发展较快、出版文献较多的年代，根据实际情况而检索其中某个时期文献信息的一种查找方法。其优点是：可能用较少的时间获取数量较多、质量较高的文献，提高检索效率；缺点是：要求检索者

必须熟悉学科发展历史，或对该课题的学科发展前景有较多的了解和掌握，方可采用。

（三）交替法

交替法是指追溯法和常用法相互交替使用的方法，它又可以分为复合交替法和间接交替法两种。

（1）复合交替法。复合交替法是综合使用追溯法和常用法两种方法。具体方法是：先利用检索工具查出一定时期内的一批有用文献，然后利用这些文献后面所列的参考文献，再以追溯法查出前一时期内的文献，扩大范围获取更多文献。反之，也可以先利用已掌握的参考文献的线索，从中发现这些文献所具备的各种检索途径，然后再利用相应的检索工具扩充线索以获取文献。如此循环交替地使用上述两种查找方法，直到满足要求为止。这种方法兼有上述两种方法的优点，全面准确。适合查阅那些过去年代内文献量较少的专业，并可弥补因检索工具不全而造成的漏检。

（2）间隔交替法。间隔交替法即利用检索工具每隔五年逐年查找一批有用文献，直到满足检索要求为止。

二、文献检索的途径

所谓检索途径，是指从哪个角度或哪个方向进行文献检索。由于各个检索工具揭示的角度不同，也就形成了不同的检索途径。

（一）分类途径

分类途径是按照文献主题内容所属的学科分类体系的事物性质进行分类编排所形成的检索途径。分类途径以概念体系为中心对文献进行分类排检，体现出学科的系统性及事物的关联性，它能把学科内容性质相同的文献集中于同一类下，便于读者从学科体系的角度来检索文献，具有族性检索的功能，能起到鸟瞰全貌、触类旁通的作用。在已知所需文献学科属性的情况下，要通过分类途径来检索文献。

（二）主题途径

主题途径是根据文献主题内容编制主题索引，通过主题索引来检索文献的途径。主题索引是利用文献资料中抽取的能代表文献内容实质的主题词按字顺编排的索引。检索时，只要已知研究课题的主题概念，然后可像查字典一样按字顺逐一查找。主题途径是以检索词作为检索标识，表达概念直接、准确、灵活，不受分类表限制，它反映新学科的概念及时，适合检索比较具体、专深的文献，能较好地满足特性检索的需求。但它要求检索者的外语和专业知识水平较高，还要求检索者能选出切题的检索词，因为直接关系检索的质量和效果。

（三）题名途径

题名途径是根据文献的名称进行文献检索的一种途径。检索工具中的“图书书名目录或索引”“期刊刊名目录或索引”“篇名目录或索引”等，它们都是按一定方式组织起来的，把文献的书名、刊名、篇名等作为文献存储的标识和检索的出发点。这种途径在查找图书和期刊时较为常用，但由于文献篇名较长，检索者难以记忆，加之按名称字顺编排，造成相同内容文献分散。

（四）著者途径

著者途径是根据已知文献的著者姓名来进行文献检索的一种途径。著者途径包括个人、团体、机构。检索工具如“著者索引”和“机构索引”，这类索引均按著者姓名字顺排列。由于编辑简单、出版快速、内容集中、使用方便，国外许多检索工具都有这种索引。因为从事科研的个人或团体都各有专长，因而在同一著者的名下，往往集中一批内容有内在联系的论文，在一定程度上能集中同类文献。当检索者已知某著者所研究的课题与自己相近，希望了解此著者过去或最近有何文献发表时，从著者途径查找最方便，既快又准确。但著者途径不能满足全面检索某一课题文献的需求，它只能作为一种辅助途径。

（五）号码途径

号码途径是以已知文献的编号为特征编排的一种文献检索的途径。常用的有报告号索引、专刊号索引、合同号索引和标准号索引。这种索引一般按缩写字母字顺加号码的次序由大到小排列。检索时，先按缩写字母，后按号码次序进行。在已知文献编号时，用此途径检索文献比较方便、快速。

其他还有引文途径、时序途径、地序途径等，不再一一叙述。

检索途径的确定、受检索课题和已知文献线索的制约。通常特定文献的检索，可确定题名途径和著者途径；人物资料的检索，可确定著者途径；学科属性明确的课题，以分类途径为宜；交叉学科和复杂课题，以主题途径为宜；而综合性课题，则往往需要用多种途径相互配合才能获得较好的检索效果。

三、文献检索的步骤

在信息社会，互联网的普及为用户采用现代化的技术手段查寻文献提供了便利，同时还要运用手工检索方法。不论是手工检索还是计算机技术，其检索程序相同，都是根据研究课题的要求，使用一定的检索工具，按照可行的步骤、方法、途径、查寻文献检索或事实、数据，获取文献信息的过程。一般来说，文献信息检索的全过程可分为下列几个步骤：

（一）确定研究课题的检索范围

当一个具体的研究课题要求检索所需要的信息时，要明确课题的学科性质、专业范围等，其中必须弄清的问题主要有：

（1）课题内容范围，课题涉及哪些专业，与该专业相邻的学科有哪些。

（2）所需信息类型，是文献还是具体的数据或事实，是文摘、题录、综述还是原始文献。

（3）信息专业水平，是一般性信息还是较专深的信息。

（4）文献数量，是需要全部文献还是其中的一部分。

（5）文献的语言和类型。

（6）检索角度，确定要检索的文献信息是侧重理论方面，还是应用方面。

（7）时间范围，一般科技文献中的技术 10~20 年就要过时，所以，一般研究课题的检索时间范围应在 10~20 年以下。

由此检索，对有关文献的时间分布、地理分布和语种分布进行分析和预测，进而确定一个比较合理的检索范围。

（二）选择检索工具

检索工具主要有手工检索和计算机检索两种。手工检索时要选择检索工具中的参考工具书。检索工具和参考工具书在手工检索中起着不同的作用，前者主要用于检索文献线索，后者主要用于检索事实和数据的信息。检索工具的选择依据是课题内容范围及其要求，还有各种检索工具的性质、内容和特点。可利用各种检索工具指南、学科文献指南来帮助进行全面的选择。另外，对选出的有关检索工具，要区分重点和一般，把主要精力放在重点工具的查找上，适当兼顾其他检索工具。

（1）选择检索工具一般要依据以下几个原则：

①检索工具中新收录的文献必须覆盖所要检索的主要内容；②质量较高，即收录文献数量大、报道及时、索引齐全、使用方便；③文种熟悉，尽量使用本国常用的检索工具。

（2）在满足了以上几个原则的基础上再考虑以下因素：

①如果是研究某一理论在某工艺上的应用或研究某种产品的设计、试制、生产工艺、质量等方面的问题，一般要求查全、查准国内外信息。此时应该使用综合性、专业性、特种文献的检索工具，有时需浏览有关核心期刊。②如果要借鉴新技术或引进新产品、新设备，应选择专利检索工具或产品目录及样本。③如果要求检索的文献专业性强且专深，一般选择专业性的或特种文献的检索工具。④如果采用计算机检索，应选好相应的数据库。

无论是选择手工检索或是计算机检索，都应当到“富矿”中去检索，即选择那些存储和报道你需要的文献可能最多的检索工具。反之，切忌到那些没有你需要的文献的地方去查找，否则手工检索可能要浪费你的时间，而机检则可能让你花上一笔费用却毫无所得。

（三）选择检索途径

检索文献信息时，总之是以文献的某种特征作为出发点，按一定的途径进行查找的。检索途径的选择取决于两个方面：一是待查课题的已知条件和课题检索深度的要求；二是所使用的检索工具本身能够提供的检索途径。

选择检索途径一般遵循以下原则：

（1）如果是系统收集资料，一般对查全率要求高，最好选择分类途径；

（2）如果是解决一个技术问题或仅知课题主题概念，应选择主题途径；

（3）如果已知同行学者姓名，应选择著者途径；

（4）如已知文献的专利号、标准号、科技报道号等，应选择序号途径。

（四）选择检索方法

选择检索方法是指选择实现检索计划的具体方法和手段。文献信息检索的各种方法，均有其优缺点，在检索时究竟使用哪种方法，应根据检索条件、检索要求、检索背景等具体情况而定，不能一概而论。实际检索过程中选用哪种方法，要根据课题研究的需要以及所能利用的检索工具和检索手段来决定。

（1）如果检索工具缺乏或根本没有，研究课题涉及面又不大，对查全率不做较高要求，可采用由近及远追溯法。追溯的起点最好是所附参考文献较多的文献，还有一些信息研究成果，如评论、综述等。

（2）如果检索工具较齐备，研究课题涉及的范围大，可采用常用法或交替法。

（3）如果研究课题属新兴学科或知识更新快的学科，可采用倒查法。

（4）如果研究课题对查全率有特别要求，一般采用顺查法。

（5）如果已掌握了课题发展规律、特点，一般可采用抽查法。

（五）查阅检索工具，记录检索结果

在正式检索之前，应对检索途径、方法做认真的检验和修订，以保证其合理性和有效性。首先利用文献指南或其他工具查一查有无相关的专题书目，以免重复他人做过的文献收集工作；其次要灵活运用各种检索方法和途径，尽量利用各种累积索引。此外，要注意其他情报源或书目进行辅助检索，以保证检索结果的完整性。当发现查出新文献的机会渐少时，检索工作基本上就可以结束了。

（六）整理检索结果

对于检索后获得的检索结果，认真阅读其著录格式，辨认其文献类型、文种、国别、责任者、题名、内容、出处等非常重要。检索工具为了节省篇幅，有关文献出处的名称绝大多数都采用缩写形式，如果要索取原文就必须将其恢复成全称。对于西文期刊，可使用该检索工具的“引用期刊一览表”之类的索引对照转换。注意其往往不是每期都有，但可以用该检索工具的年刊或期刊的“引用期刊一览表”。对于某些中文期刊，则可以使用汉语拼音转换。对于书名，则不需要转换，因其并不缩写。可根据出版项等信息直接查英文图书。对于会议录名，一般也是缩写的，可根据会议录专用索引还原。

（七）获取文献原文

在确定了哪些文献需要阅读原文时，就要与收藏文献信息机构联系，索取原文。索取原文时，必须利用检索工具中的缩略语、全称对照表将缩写刊名变成全称，然后通过馆藏途径或其他途径获取原文。

（1）期刊文献的原文获取方法。期刊文献是使用最多的参考文献。国内外期刊在国内

各主要图书馆中都普遍收藏，其中国内出版的期刊在北京图书馆、中国科技情报研究所重庆分所以及上海图书馆中收藏得最为完整。

（2）会议文献的原文获取方法。国内外会议文献在国内图书情报机构收藏得比较多的有中国科技信息研究所、北京图书馆、中国科学院文献信息中心、电子科技信息研究所，以及全国各省、直辖市情报所以及重点大学的图书馆等。

第四节　文献检索效果评价

一、检索效果的评价指标

文献检索信息的职能主要是答复检索者的提问，即从某一文献集合体中全面、准确地查出与提问相一致的文献。一个理想的文献检索系统应当能够以方便的形式提供所需要的全部文献。对检索效果进行评价的目的就是为了找出影响检索系统性能的各种因素，以便有效地满足检索者的需要。为此，可采用两种方式来改善系统性能，首先只提供检索者所需要的文献，其次是剔除检索者不需要的文献。这里需要解决查全率和查准率的问题，并以此作为评价的标准。美国研究者提出查全率与查准率是衡量检索效率的标准，尽管当时的研究对象是针对计算机检索系统而言的，但对手工检索同样具有一定的指导意义。

二、影响检索效果的因素

影响检索效果的主要因素有：

（一）标引的网罗性

所谓标引是指对文献进行主题分析，并给出检索标识（主题词、分类号等）的过程。其目的是按照给定的检索标识组织各种检索工具（目录、文摘、索引等）。标引的网罗性是指标引时揭示文献主题的基本概念和广度。如查找题为“计算机软件设计”的有关文献，经过主题分析后选出“计算机检索”“文献检索”“程序设计”三个检索词。从标引广度包含检索词的角度来看，还应补加上“检索程序”和“应用程序”两个检索词，否则就会漏掉上述的相关文献，影响查全率。因此，标引的网罗性是影响查全率的主要因素。

（二）检索标识的专指性

所谓检索标识的专指性是指检索标识表达主题的基本概念的专度。如查找题为“计算机在情报检索中的应用”的有关文献，经过主题分析后，选出“计算机”“情报检索”“计算机应用”三个词，从主题的专指性来看，计算机的下位概念是“电子计算机”，情报检索还包括“文献检索”，这些词都应考虑。因此，检索词的专指性是影响查准率的一个重要因素。

（三）其他

检索者的知识水平、业务能力、工作经验，特别是检索技术的熟练程度和外语水平也是影响检索效果的主要因素。

三、提高检索效果的措施

一般地说，提高检索效果的措施有两项，一是选择检索系统，二是提高检索者的检索水平。

检索系统的优劣是影响检索效果的主要因素。评论一个检索系统的好与坏主要看它的存储功能，即“全”“便”“新”。“全”是指存储的内容丰富，摘录的文献量越多，摘贮率越高，则检索系统存储的文献信息量越大，这是检索的前提条件，也是实现检索的物质基础；“便”是指便于利用，它是检索系统的必备条件，一般指编排结构是否准确和实用、辅助索引是否齐全、排列是否科学等；“新”是指内容新、时差短，以保证提供的文献不陈旧失效。以上三者同时具备，才称得上是优良的检索系统。

对于用户来说，检索前必须慎重选择检索系统，这是提高检索效果的保证。然而，多数情况下，检索者选择检索系统的余地并不大，要提高检索效果，更主要的是提高检索者自身的检索水平。检索效果与检索者的知识水平、业务能力、工作经验，特别是检索技能的熟练程度和外语水平密切相关。比如，要能全面准确地表达检索要求，合理选择检索方法、途径和工具，以及检索策略，同时要根据不同检索课题的需要，适当调整对查全率和查准率的要求，这些都取决于检索者的检索水平和能力。因此，提高检索者的检索水平是提高检索效率的决定因素。

第七章　智慧图书馆的馆藏文献数字化建设

第一节　特色数字资源建设现状

随着科学技术的不断发展与网络的逐步普及，数字资源对图书馆的意义逐渐显现，尤其是特色数字资源建设，对公共图书馆的未来发展具有不可忽视的作用。因此做好特色数字资源建设，是公共图书馆必须重视的工作之一。但是由于各种因素的影响和制约，我国公共图书馆的特色数字资源建设还存在一系列的不足，所以对于公共图书馆来说必须要正视这些不足，找出对策以谋求更好的发展。

一、公共图书馆数字资源建设的作用和意义

相比传统的公共图书馆，数字资源具有占用空间小、信息形式丰富（比如视频、音频资料等）、容易存储等诸多的优势，可以说它既继承和扩大了传统公共图书馆的优点，又充分体现了信息技术的优势。它将两种形态进行了充分的融合，并形成了互补，实际上是对传统公共图书馆作用的进一步扩充，与传统的图书馆相比，数字资源不受对象和地理位置的限制，读者在不与图书工作人员直接见面的情况下，通过网络与图书馆实现联系，图书馆人员则通过电子咨询台和电子邮件与读者进行联系，这实际上能够在更大程度上满足读者的需求。

数字资源建设的重要特征是建立以信息为主的各种信息资源，也就是要通过发挥信息技术的优势，将图书馆的图文资料进行数字化处理，并将其复制保存在更为适宜的环境中，使这些珍贵文献在受到充分保护的同时，得到更为充分的应用。

二、公共图书馆特色数字资源建设现状

为了更好地对公共图书馆特色数字资源建设进行分析，本节通过调查发现，在积极探索图书馆特色数字资源建设的过程中，各地的公共图书馆特色数字资源建设都取得了比较明显的成绩，特别是一些经济比较发达的城市图书馆更是如此。比如广州少年儿童图书馆的特色数字资源建设——“羊城少图工作数据库”；湖南少儿儿童图书馆的特色数字资源建设——“本馆原创动画数据库”等。这些城市公共图书馆在对地方文化特色和少儿需求

进行挖掘的基础上，开发出了自身的特色数字资源，满足了当地读者尤其是青少年读者的需求。得到了读者的广泛关注与认可。同时，各地的图书馆还在辖区的人员密集场所，设立了多媒体读报机、自助微图书馆等设备，通过多种多样有别于传统的文字、图片、音频等，为读者提供了优质的阅读资源，公共图书馆特色数字资源建设发展良好。

三、公共图书馆特色数字资源建设的共性问题

（一）少儿特色数字资源建设整体不足

特色数字资源建设是图书馆数字资源建设的重要组成部分，特色数字资源建设在很大程度上反映了本地区的地方文化特色，体现了对本地特色文化的挖掘，对图书馆数字资源建设来说具有非常重要的作用和意义。尤其是近年来，我国各地图书馆对特色数字资源建设越来越重视，对于少儿特色数字资源建设尤其重视。

（二）特色数字资源建设的使用性不高

大部分图书馆虽然有一部分特色数字资源，但是由于没有进行相关的分类，造成了使用的不方便。首先，就检索的形式而言，大部分图书馆的主页上有“特色数字资源”的索引，但是需要进入二级页面后才能够进行有效的访问，而层级页面过多是不便于儿童进行操作的；其次，就访问的方式而言，目前大部分图书馆的特色数字资源没有标注访问方式，儿童读者在进入烦琐的一级页面之后，却不能进行访问，造成了资源使用率不高。

（三）特色数字资源不够完整

我国部分公共图书馆在建设数字资源时，由于缺乏科学的规划，过分地追求自建数字资源成果，急于求成，导致在短期内推出多个数字资源库。但是从目前来看，我国部分公共图书馆仍然沿用传统的图书馆管理制度，而传统的图书馆管理制度基本没有涉及数字资源部分，这必然会给数字资源尤其是特色数字资源管理带来一定的困难。

（四）人员素质需要进一步提升

现有的工作人员虽然学历较高，年龄结构比较科学，但是由于工作人员所学专业的限制，现有的工作人员大部分对信息技术的掌握不够，尤其是对特色数字资源建设所需要的网络知识、计算机技术、图情知识等比较缺乏，这就在一定程度上限制了特色数字资源的建设和使用，因此，为了充分做好公共图书馆的特色数字资源建设，发挥好公共图书馆的数字资源优势，必须要进一步提升我国公共图书馆的人员素质，补齐工作人员在网络和计算机技术等方面的知识短板和不足。

四、公共图书馆特色数字资源建设的提升策略

（一）注重少儿特色数字资源建设

一定程度上而言，少儿是公共图书馆的重要读者群体，因此我国的公共图书馆应进一步加大少儿特色数字资源建设，积极挖掘本地的文化资源，开发出适合本地少儿的特色数字资源。具体来说，可以积极借鉴学习特色数字资源建设先进地区的经验，加大对本地青少年特色数字资源的挖掘和建设力度，力争使本地的少儿特色数字资源早日面向少儿读者群体，增加图书馆特色数字资源的竞争优势，促进图书馆特色数字资源更好发展。

（二）建立和完善特色数字资源的管理制度

我国公共图书馆现有特色数字资源建设使用性不高的一个重要原因是没有建立特色数字资源管理制度，而传统的图书馆管理制度与特色数字资源建设存在很多不一致的地方，因此要做好图书馆的特色数字资源建设，就必须要建立和完善特色数字资源的管理制度。

我国公共图书馆特色数字资源建设工作一般由图书馆的技术部门负责，为了满足读者对阅读的各种需求，信息部应作为特色数字资源管理制度的重要制定者，参与特色数字资源管理制度的制定。从内容上来说，特色数字资源管理制度应对特色数字资源管理的内容、管理的原则、管理的方向以及制度的维护人员等进行明确并积极地配合数据库公司做好数据库的升级工作，定期对中心机房服务器的软件、硬件等设施进行检测和处理。如果出现问题要第一时间进行检查和处理。另外还要进一步加强监督管理制度建设，不断强化监督管理，实现特色数字资源管理的规范化和科学化。

（三）增强特色数字资源的使用性

首先，公共图书馆要对现有的文献资料进行汇总与整合，构建出统一的查询系统，以便达到互联网平台数字整合资源统一整合的目标；其次，对于不同类别和层级的数字资源，要建设统一检索显示系统。当然在统一检索显示系统建设的过程中，除了要充分运用网络科学技术之外，还要充分利用数据库技术，通过使用这些前沿的科学技术，对资料目标进行便捷的查找。同时，可以通过采用先进的引擎搜索系统，将综合性的搜索信息反馈给公共图书馆终端用户，这样能让用户在系统中检索并获得公共图书馆所有相关的数字资源，以此来为用户提供便捷性的数字资源检索与阅读服务。

（四）提升工作人员的综合素质

公共图书馆特色数字资源建设不仅是信息化、网络化高度发展的最终成果，也是社会发展和读者需求的最终体现。特色数字资源建设既是对传统图书管理的创新，也对图书管理人员提出了新的挑战。由于操作和管理方式都与传统的图书管理存在较大差别，所以我国公共图书馆的管理人员必须要熟悉特色数字资源内容，了解和掌握计算机技术、网络知识、外语知识和图情知识等，努力将自己打造成兼具管理经验与现代信息技术修养的优秀

管理人才。

要提高公共图书馆工作人员的综合素质，将工作人员打造成优秀的管理人才，可以从以下两个方面进行。一是积极引进优秀的管理人才，并结合自身实际，做好人才需求计划，按照计划可以从科研机构、其他图书馆或者高校进行人才引进，人才引进的标准应重点放在计算机网络技术方面；二是对现有的工作人员进行培训，通过培训提升他们的业务能力、管理能力和相关的技术能力。具体来说，培训可以采取长期与短期、定期与不定期相结合的方式进行，长期培训重点：培训工作人员的信息素养，短期培训重点：培训如何通过提高人员信息技术，解决读者日常出现的服务需求。

从目前公共图书馆特色数字资源建设来看，还是取得了比较明显的成效，在一定程度上能够满足读者的实际需求，但是也存在一些共性问题。虽然这些问题不是非常严重，但是也在一定程度上制约了特色数字资源作用的充分发挥，影响了公共图书馆的进一步发展。因此，我国的公共图书馆必须要提高对特色数字资源建设的重视程度，通过各种措施，努力弥补现有不足，促进特色数字资源建设和图书馆整体建设更好发展。

第二节　图书馆特色数字资源系统

我国高校图书馆可以结合本校、本馆的资源特色，依据本校重点学科建设需要系统地进行数字开发，形成特色数字资源库，以更好地为用户服务。本节探讨如何建设高校特色数字资源、有效整合数字资源库，以满足社会以及高校的需要。

一、数字化图书馆是图书馆发展的必然趋势

信息社会高速发展的今天，网络技术日趋成熟并渗透于社会的各个领域，利用网络已经成为人们每天必不可少的活动之一。随着知识经济时代的到来，人们对信息服务的需求日趋多样化，图书馆传统的服务方式和服务手段存在一些缺点。例如，人们想看什么书了只能等休息时间到图书馆借，没时间去就看不了，在时间上和空间上有局限性，服务仅限于借还。这些已经不能满足社会的需要，不能适应信息时代的发展要求。以网络技术为核心的高新技术能让我们随时随地检索图书馆藏书，随时随地与图书馆馆员进行沟通交流，获取所需信息。数字化图书馆的建设能够实现资源共享，是图书馆发展的必然趋势。

二、数字化图书馆特色库建设现状

由于高校的学科设置、优势专业、人力资源配置不尽相同，因此高校应根据本校教学特点、专业特色对文献信息进行重点收藏与重点建设，形成独具特色的馆藏文献信息资源。本院校知名学者的学术著作、科研成果、学术论文、教材讲义都可以经过整理成为本校的

特色资源。目前，多数高校都非常重视本校的特色馆藏建设。例如，清华大学图书馆在“资源”板块中设置“清华特色资源”条目，读者可以在其中找到清华大学学位论文服务系统、清华大学学生优秀作品数据库、中国科技史数字图书馆、中国机械史数字图书馆等特色数字资源。南开大学图书馆在“电子资源 / 数据库”板块中设置“自建数据库”条目，读者可以在其中找到“公司治理”专题研究数据库、馆藏随书光盘数据库、南开大学知名学者电子文库等特色数字资源。特色数字资源库是数字资源的“精华部分”，它和普通的数字资源相比在很多地方有着独特优势和明显差异。高校建设本校的特色馆藏，可以实现图书馆文献资源的合理布局，有利于馆藏文献质量和服务水平的提高，在弘扬本校文化、指导教学科研、提高学校知名度等方面发挥了重要作用。

三、数字化图书馆特色库建设的发展思路

建设特色资源，以重点学科建设为中心工作。高校图书馆存在的重要价值是为教学和科研服务的。每一所高校都有一个或多个自己的重点优势学科。校图书馆为满足教学与科研人员在教学和科研工作中的需要，大多都建立了自己的特色数据库。例如，湖南大学数字图书馆自建“金融文献数据库”“书院文化数据库”。河北大学的宋史研究、汉语言文学是该校的重点学科，该校图书馆的宋史研究资料室和文学院的文献收藏成为本校的特色文献。天津大学的建筑专业、材料与工程专业、内燃机专业是该校的重点学科，该校图书馆依托这些优势学科建设中国建筑文化遗产数据库和摩托车信息资源数据库，对富有特色的文献进行整理，并按照一定标准和规范将本馆特色资源数字化，以满足用户的个性化文献信息需求。高校图书馆当前的首要任务是构建能反映本校学科重点、独具特色的文献信息资源数据库。

资源共享，联合共建，避免重复建设。目前，高校开发建设特色资源数据库需要投入大量的人力、物力和财力。几所高校图书馆可以联合建设特色数据库，分工明确并且各有侧重，硬件及软件设备的增设以资源共享为前提，发挥图书馆建设特长，在共享、共建、互利的基础上，以自身建设为主力。高校需要主动与计算机、软件工程、网络通信等多领域专家共同合作，实现在知识、技术、人力、物力上的资源共享，优势互补，将资源共享作为图书馆各项工作的出发点。

通过健全法律法规和利用高科技技术，保护知识产权。数字化图书馆建设中的知识产权保护，一是要通过立法形式规范版权领域中涉及下载、拷贝、传播等的相关概念，出台相关惩罚措施，强化执行力度，达到保护作者版权的目的。二是高校要利用高科技技术手段，加强技术监督，利用 IP 段限制权限、密码保护、许可证制度等手段进行合法认证，从而保护知识产权。例如，图书馆在视频库的建设与使用中应遵守知识产权法，否则将影响此项服务的效果和可持续发展。2010 年施行的《中华人民共和国著作权法》规定：“仍然在版权保护期内的作品，若只是为教学科研或者个人学习用，则属‘合理使用’的法律

范畴；若对作品进行整理加工后，向读者和用户提供有偿信息服务，则有损权利人的演绎权和获酬权。允许图书馆等公益性单位为陈列或者保存版本的需要，复制本馆收藏的作品。”因此，高校图书馆的视频库应通过校园网络仅向本校内的师生提供视频资料，主要服务于教学和科研，而不是以盈利为目的。高校要严格限定特色视频库的使用范围，保证其用户为本校读者。高校不能以盈利为目的出售视频库及资源，如有需要可以免费或采取共建共享方式，提供给其他高校图书馆使用。

加大资金投入，不断提高图书馆员的业务素质。一是鉴于数字图书馆在信息化社会发展中的重要作用，各高校图书馆必须多方筹措有限资金加强软、硬件设施的建设，保证“信息高速公路”通畅，满足读者日益增长的信息需求和图书馆自身的发展要求。二是具有较高科技水平的数字图书馆系统必然会对其管理人员提出更高要求，馆员的服务工作不仅是为读者提供相关文献信息的检索与传递，还要帮助读者进行有效学习。因此，高校图书管理员的素质培养是高校数字化图书馆建设不可或缺的条件之一。笔者所在学校的图书馆工作人员，除应掌握图书情报理论知识外，还应对医学院校相关学科及边缘学科的理论知识有所了解，以提高自身综合素质和解答读者各种专业性问题的能力。服务过程中，图书馆工作人员要不断丰富自身的知识内容，提高服务层次，细心听取教授、专家和普通读者对图书馆建设的意见和建议，为教学和科研人员从事教学、科研管理工作提供更好的服务。我国高校图书馆可以结合本校、本馆的资源特色，依据本校重点学科建设需要，系统地进行数字开发，形成特色数字资源库，以期更加完善、合理、方便快捷地为用户服务。在今后的很长时间内，怎样建设好高校特色数字资源，有效整合数字资源库，满足社会以及高校的需要，将成为我们的工作重点。

第三节　智慧图书馆的资源共享

“智慧图书馆”集现代化图书馆建筑以及数字化管理模块为一体，在物联网和互联网科学技术的有机融合下，实现了对图书馆资源的有机整合和智慧化服务，同时可以为不同地区、不同需求的受众提供信息资源的实时共享。然而，受政策和监管机制等多方面因素的影响，智慧图书馆信息资源共享的现实发展依然面临着诸多困难，急需找到有效的发展途径，以此全面推动智慧图书馆的信息资源共享发展。

一、智慧图书馆的含义与特点

智慧图书馆是一种新型的图书管理理念，同时也是一种先进的智能化建筑，在建设智慧图书馆的过程中，应用了多种先进的智能技术，如云计算、网络存储、物联网以及各种自动化设备等。智慧图书馆与传统的图书馆相比，打破了时间与地域的限制，实现了空间的互通，给图书馆日常管理以及图书借阅服务提供了很大的便捷条件。智慧图书馆在基本成熟以后，具有信息共享性、服务高效性以及使用便捷性等特点，可以在物联网、云计算以及智能化设备等的共同作用下建立一个完善的图书馆管理系统，将图书馆信息资源的整合、维护、发布以及存储、代理等基本功能进行统一规划，进而建立一个以图书服务为核心的综合性智慧服务平台，让用户在不受空间、时间限制的条件下，获得信息资源的实时共享以及资源利用率的最大化。

二、智慧图书馆信息资源共享现状

（一）信息资源共享制度缺失

目前，我国现有的智慧图书馆多数归属于地方各高校，图书馆大多为独立运营，并且具有自身的管理特点以及信息资源共享模式。整体上看，各智慧图书馆的运营各自为营，没有一个统一、规范的政策制度进行约束，运营的模式也存在很大的差异，无法形成全范围的信息资源共享模式。在智慧图书馆的发展过程中，由于信息资源共享政策制度的缺失，使得各个智慧图书馆之间没有建立长期、良好的沟通机制，也无法在第一时间进行有效的信息资源共享，从而导致智慧图书馆的信息资源共享工作开展受到很大阻力，无法完全发挥智慧图书馆的实际功效，难以为用户提供优质的图书服务。

（二）信息资源共享风险大

现阶段，我国大多数智慧图书馆都处在建设的初期，各种设备的应用以及信息技术的应用等都处在试验时期，没有形成完整、完善的运营管理机制。在信息资源共享方面，存在比较多的风险问题，如信息资源的泄露、不实信息资源的传播等，都会对信息资源的主客体造成一定的影响，为智慧图书馆的信息资源共享带来安全隐患，以此制约了智慧图书馆的快速发展。

（三）信息资源共享动力不足

虽然我国现有的智慧图书馆已经基本成型，并且也尝试建立了统一的信息资源共享平台，实现了对信息资源的有效共享。但是，由于智慧图书馆的信息资源共享没有共同的利益，也没有共同的发展目标，从而导致智慧图书馆信息资源共享的动力严重不足，无法承载目前智慧图书馆信息共享平台的发展，也无法高效、稳定地进行信息资源的全域共享。另外，由于国家和各级主管部门都缺少对智慧图书馆信息资源共享的重视程度，也导致智慧图书馆的信息共享出现明显的障碍，直接影响了信息资源共享的效率以及质量，不利于智慧图书馆的全面发展。

（四）信息资源共享建设不到位

随着信息技术的不断发展，以及智能化设备的更新，我国多地域的智慧化图书馆基本形成了互通有无，也可以进行实时的信息资源传输与共享。但是，由于网络建设的不到位，在跨区域进行信息资源共享的时候，存在信息资源传输速率慢、信息资源接收缺失或者访问受限等问题，使得馆际信息资源共享形式化严重，无法真正地将信息资源共享落实到位，也无法完全、完整地为用户提供准确的馆藏服务，更无法彻底实现馆际信息资源共享无障碍化和实时化。

三、智慧图书馆信息资源共享新途径

（一）建立健全的信息资源共享制度

在现有网络信息技术以及智能化设备的支撑下，我国的智能化图书馆基本可以实现信息资源的共享，为了进一步提高信息资源共享的时效性和安全性，国家相关主管部门应该根据各地区的智能化图书馆管理现状以及信息资源的共享问题，建立健全信息资源共享制度。智慧图书馆信息资源共享制度需要从信息资源共享要求、主客体利益以及信息资源安全等多方面入手，为智慧图书馆的信息资源共享提供基本的制度保障。

①国家相关主管部门要辩证地看待智慧图书馆的信息资源共享问题和用户的实际需求问题，并且要建立馆际之间的利益共同体，将各个智慧图书馆有机地联系到一起，形成联动机制，以此更好地发挥出馆际信息资源共享作用。②相关部门要根据现有的馆藏资源形式和信息资源的共享模式，制定统一的信息资源传输、接收格式，并且使用统一的检索软件和数据库系统，为不同地域的用户提供一致的智慧图书馆服务，以此提高信息资源的共享效率。③要对现有的智慧图书馆信息资源共享制度和法律法规等进行全面的优化和有效的补充，弥补信息资源共享过程中的制度缺陷，避免信息安全隐患问题的发生，为智慧图书馆主客体提供一个健康、安全、良好的信息资源共享平台。

（二）完善智慧图书馆信息资源一体化模式

智慧图书馆的信息资源共享离不开各级、各地区图书馆的有效互动，也离不开各个智慧图书馆的信息资源一体化建设。为此，在全面落实智慧图书馆信息资源共享的时候，要将全国基础规模以上的图书馆进行在线联网，形成全覆盖的智慧图书馆信息资源一体化模式，并将馆藏内的有效资源进行完全共享。智慧图书馆信息资源共享的实施，可以帮助不同地区的用户通过信息资源一体化平台进入智慧图书馆综合管理中心，并且利用统一的信息资源检索引擎对自己所需的信息资源进行查找，并且自行下载查阅、留存。为了进一步提高智慧图书馆信息资源共享效率，各个图书馆需要借助一体化共享平台，对系统内的联网智慧图书馆进行分级管理，并且对全部的馆藏进行统一的分配和整理，建立系统的检索引擎，将不同类型、不同领域的信息资源等进行分类管理，并且建立完整的馆藏搜索目录与子目录，以此将数量众多的馆藏资源进行有序的排列。

（三）加大智慧图书馆信息资源共享投入

智慧图书馆信息资源共享需要在先进的信息技术和管理系统的支持下运行，日常的运营和维护需要耗费大量的人力与物力资源，需要有足够的运行资源予以支持。因此，国家有关部门和各级地方政府应该逐渐提高对智慧图书馆的重视程度，并且加大对智慧图书馆信息资源共享方面的投入，引进最新的信息技术和管理理念，对现有的信息资源共享系统进行完善与优化，以此保证智慧图书馆信息资源共享的有序运行以及快速发展，为用户提供更好的图书馆服务。①国家要加大对智慧图书馆的硬件建设投入，对图书馆的计算机设备和管理设备等进行实时的更新，以此适应科学技术的发展，保证智慧图书馆信息资源共享的先进性和有效性。②国家还要加大对智慧图书馆信息资源共享的软件建设投入，尤其是网络方面的建设投入，对现有的物联网、移动网络、云计算以及大数据存储等方面进行不断的完善与系统优化，对存在的问题进行细致的分析，并且积极寻找有效的应对方案，进而实现智慧图书馆信息资源共享的稳定性、安全性以及私密性，打造一个健康、绿色的互联网信息资料共享平台。

（四）提高智慧图书馆信息资源共享的安全性

为了实现不同地区之间的智慧图书馆信息资源共享，图书馆之间必须借助移动互联网形成馆际连接，以此实现信息资源的快速传输以及共享。但是，将互联网技术应用到智慧图书馆的信息资源共享上，也为图书馆信息资源的共享埋下了安全隐患。部分智慧图书馆的网络安全配置相对较低，并且缺少完善的传输安全技术支持，从而导致在传递信息技术的时候会发生各种各样信息泄露或者数据丢失的问题，同时还会对各个智慧图书馆的内部管理系统产生安全威胁，影响智慧图书馆各种功能的正常使用。所以，必须全面提高智慧图书馆信息资源共享的安全性，建立严密的防火墙以及信息传输安全保障，以此保证信息资源共享的私密性和下载的稳定性。另外，各个图书馆还应该安排专人定期对智慧图书馆的管理系统和信息资源共享一体化平台进行维护，找到潜在的安全问题，并且及时做出处理，为智慧图书馆信息资源共享提供基本的安全保障，进而全面提高智慧图书馆的管理效能和服务效率。

总之，在科技以及经济不断发展的今天，图书馆的发展必须与时俱进，紧跟时代发展的步伐，从自身的发展角度出发，立足于用户的实际需求，从政策、技术、投入以及系统化建设等方面入手，全面提高智慧图书馆信息资源共享的水平，为用户提供更为优质的图书服务，建立一个全覆盖、无死角、高速、高效的智能化图书馆平台，切实提高图书馆的资源利用率，充分发挥出图书馆的信息资源共享服务效能。

第八章　图书馆馆藏文献资源数字化研究

第一节　图书馆馆藏特色文献资源的数字化深加工

图书馆作为文献资源的收藏和服务机构，承担着为社会提供各类文献的主要职责，而其馆藏特色文献是衡量一个图书馆的资源地位并为读者提供特色服务能力的重要指标，是图书馆为文化建设服务的知识特色宝库。在当前互联网和数字技术高速发展的大环境下，图书馆原有的以“藏”为主将转变为以“服务”为主，因此有责任充分利用数字和网络技术，将传统的特色馆藏文献纸质资源通过数字化深加工的形式进行充分展示。本节主要介绍上海图书馆馆藏特色文献资源的定义和类型，探讨资源数字化深加工可以从深度标引、检索功能的多功能化以及知识单元链接的具体模式，为图书馆特色馆藏文献资源开发提供方法。

对图书馆重要文献资源进行数字化，可以使文献得到更有效的利用和保存；进一步深加工，则可为读者深入服务提供平台和工具。目前特色文献资源的数字化深加工有多种模式和类型，图书馆工作者要根据文献的特性进行分类，可以通过 OCR 识别、知识标引、检索系统的多功能化等手段来实现特色馆藏资源的数字化深加工。

一、馆藏特色资源的定义

图书馆馆藏特色资源类型可定义为：具有一定的地域和历史人文特色，或与地方的政治、经济和文化发展密切相关的资源。这些资源往往具有特定及一定规模的研究群体，文献研究价值大，市场需求度较高。通常按文献类型可分为图书、期刊、报纸等；按文献种类可分为书籍、论文、字画、照片、讲座、手稿、地图、档案、传单、广告、标本、实验、观测数据等。

二、数字资源深加工模式类型

数字资源深加工模式类型可根据不同文献需求进行不同类型的深加工。

（一）全文识别数字化（OCR）

在图书馆馆藏特色文献中，报刊资源是一类比较有研究价值的文献。（1）民国时期期刊由于该类文献开本不尽相同，纸张材质和出版样式不同，繁体字样式繁多，因此在 OCR 过程中，要选择一个支持繁体大字库的识别软件，在图像扫描时为深度标引做好各类标识。在图像的展示上要实现放大、缩小功能，同时亦可输入百分比，控制放大、缩小功能。同时要实现期刊全屏展示，全屏内容为页面内容。（2）报纸应根据出版期间不同版式、不同内容的报纸进行样本抽取和研究。由于报纸量大、特色栏目较多，需要对新闻、广告等特色内容进行深入研究，以确定是否在 OCR 过程中专门制定特色栏目内容的标识。

（二）深度标引

特色馆藏资源通常具有显著的地域特色或者文献价值，在标引时要注意这些文献的特性。目前图书馆在进行深加工时往往只考虑统一和跨库检索，而忽略了揭示文献的本质，因此在数据库的检索服务系统的检索字段设置较为简单，检索功能有待强化，要加强标引深度。

深度标引可按学科或专业进行分类，以增加检索字段的方式来实现多种途径检索，以提高文献的利用率。除了书名、作者、书号、类别、写作年代、地点等以外，还可以根据不同文献的特点进行深度标引。例如，对文物价值较高的古籍文献中的诗进行深度标引时，可以根据它的特点设置诗体、韵、平仄、主题等；对词进行深度标引时，可以根据它的特点设置词牌名、词调结构、长短词等；对期刊进行深度标引时，可以根据期刊的研究领域设置学科、专业等；对报纸数据库，不但要展示报纸每篇文章的篇名、作者，还应根据报纸的特点设置专栏、广告、公告、新闻等。

（三）检索系统多功能化

1. 检索导航

建立强大的以全文检索为基础构造的智能化检索系统，将大大节省研究者在文献检索、辑佚方面的时间和精力，还将极大地启发和扩展其研究的广度与深度。在加工过程中目前可以借助现有的检索技术，实现条件检索、逻辑检索、模糊检索、组配检索、属性检索等多种类型的检索。其中属性检索对于特色文献使用者具有突出的价值和意义，可满足其特定的需要，如以写作年代、地点、题材、体裁、事件等作为属性，即可汇集撰写于同一时间、地点的文献，采用同一题材、体裁及记载同一事件的文献。此外，根据不同类型文献的特点，还可针对性地开辟各种特殊的检索项目。

2. 辅助检索工具

在数据库中载入辅助性工具（字词典、历史年表、电子地图等）已在部分古籍数据库中得到实现，如在《四库全书》电子版中，设有单字字义查询、古今纪年换算、干支 / 公元年换算、八卦 · 六十四卦表等辅助工具，这样的设计使得研究者不需要为了弄清某些知识点再查阅其他资料。但是现有的辅助性工具还很有限，因此在今后的数字资源深加工过程中可以根据各类文献的特殊情况，开发更具专业性、系统性和针对性的工具，在附带字词典、历史年表、电子地图的基础上，建立相应的知识支撑系统或专门的辅助数据库，如有关历代官制、兵制（或谓军制）、科举制及历代政区等的知识系统。在设置期刊数据库的辅助检索工具时，可以设置近义词或同义词查询、刊名辅助导航、期刊聚类检索等功能。

通过这些知识系统，正确反映各个时代的政治、军事、文化、地理等方面的信息，为研究者提供具体的时空坐标和背景资料，及时解决他们在文献阅读中遇到的问题，甚至有可能帮助他们发掘出原本隐藏在文献背后的关联信息。

（四）知识单元链接

数字化资源不只是纸张版本的简单翻版，而应采取多种方式和技术手段，以原文本为中心进行发散和延伸，为使用者提供基于超文本的立体阅读环境。因此可采用知识单元链接的方法，该方法可分为同种文献和跨文献类型的知识链接。

1. 原文与相关知识点之间的链接

在古籍文献资源中的世传经典著述通常有古代著名学者、训诂专家为其注疏，注疏包括传注、章句、义疏、集解、音义等各种不同类型，其中包含着丰富的内容，不仅有对字词句及篇章文义的注解，也有对名物制度、成语典故的诠释，是后人阅读和理解原文的重要纽带，也是继续研究的前提基础。在原文与注疏之间进行链接应是拓展古籍阅读内容的有效和必要方式。

除此之外，链接的内容还可包括文献本身相关内容之间、相关文献之间以及文献与相关网站之间的链接等。例如，在期刊数据库中，可以链接至期刊杂志社的网站、上海图书馆 IPAC 目录中的馆藏信息以及其他馆的馆藏信息等。而国家图书馆在所建特色资源库——敦煌遗珍中尝试链接了有关敦煌和丝绸之路相关文献收藏机构以及文物保护的网站，以丰富读者对数字化敦煌文献的认知，推进敦煌学的研究。

2. 文献不同版本之间的链接

这种链接包括数字图像版与文本版、不同文本版之间的对照和切换。数字图像版可以展示版本类型、版刻特征、字体、墨色等信息，满足版本研究、书史研究、文物鉴定等多种需要；不同文本版的切换则便于异文的对照和批校内容的互补互证。

（五）检索统计研究功能

对文献有关内容及各类检索结果进行计量统计，提供科学、准确的统计数据和信息，是对数字化资源的内容补充与增值。统计结果作为许多后续研究的基础数据，不仅可以改善研究者的研究条件，还会带来研究思路、研究方法的变革。20 世纪 90 年代中期，北京大学开发的古诗研究系统即专门设置了统计功能，并以图、表等直观形式显示，其中包括诗作统计（按年代、地点、诗体、主题等分门别类地进行统计）、汉字统计（各种字词信息如字数、字频、词频的统计）、总体统计（对全宋诗整体的诗作和汉字的统计）。各类统计数据和信息如果具有一定规模，可进一步为它们单独建立统计知识库，为研究者展示多个角度以供其分析问题，如从多种词汇使用现象的统计中考察作者的创作风格，从作品中人名、地名的统计中分析作者的交游与游历情况，从某一时段词汇的引用频度变化中探讨词汇的时代分布和变迁。

应在各个统计知识库之间建立更密切的关联，以便研究者将各种统计结果相互结合、参照、对比，获得更大的思考和研究空间。例如，把作者一生的游历地点与各时期撰著数量的统计相结合，与作品用词用语变化的统计相结合，与整个时代同类文献数量的统计、语言变化的统计相结合，就能对某一作者在整个时代中所处的位置、所受的影响、撰著的背景等有一定的认知。

特色资源的数字化深加工建设是图书馆的重要工作之一。作为一个公益性服务机构，图书馆应立足于广大读者，根据特色文献的类型，选择不同的深加工模式，同时要深入分析这些文献的特性，设置最能反映文献本质的数字化检索字段，才能顺应社会和时代的发展需要。

第二节　大数据时代图书馆馆藏数字资源整合

随着新兴的物联网技术、云计算技术以及社交软件的快速发展，衍生数据的增长速度惊人，网络中存有海量数据，这些都预示着大数据时代的来临。人们的生产、生活已经离不开数字化信息，而在海量数据中筛选出有效数据的相关技术已经成为专家学者重点关注的问题。值得注意的是，作为传统图书信息资源提供者的图书馆也应与时俱进，尝试获取更为准确、有效的数据信息，为用户提供高质量的服务。显然，图书馆方面应该依靠海量图书资源平台，将大数据处理技术与图书馆服务理念紧密结合，积极探究数据的获取、整理以及存储等技术，为用户提供更加有效和人性化的服务。为应对数据量不断增加的多类型信息资源，图书馆引进了数字资源存储和整合技术，以保障数据处理的优质、高效。

一、大数据时代图书馆馆藏数字资源整合的必要性

（一）数字资源整合是信息组织自动化、动态性、多模式的需要

传统图书馆整理资料时是用人工方式，对各类书籍资料进行标注、分类和整理，而且检索的关键字都是需要烦琐的手工劳动进行整理和录入。如今，网络上的很多数字资源（比如多媒体资料、文本资料）都具有很强的时效性，如果用人工方式进行整理，必然会影响资料使用的效果，所以，数字资源的自动标注、自动分类和整理，资源关键字的编制以及自动化管理等方面都是图书馆的重点研究内容。现在数字资源种类繁多、构造成分较为复杂、信息化比重加大，都让以传统手工整理方式为基础的图书馆的使用优势不再明显，数

字资源的非结构化也让自动化提取资源特征的难度加大，非文本资源的整理以及低成本化也是传统手工整理方式难以实现的。

（二）数字资源整合是信息组织的标准化、易用性的需要

互联网是一种将多个网络进行整合的互联网结构，网络中的数字资源是以杂乱无序的方式进行分布的。信息网络是以信息为处理的基本单元，并针对信息进行存储、添加以及整理的合作型网络结构，网络之间的数据交流需要各方面的支持，因此整合网络资源的前提就是制定一系列的信息整理和加工的标准（比如制定统一的数据格式、统一的索引和描述语言）。在互联网环境下，任何用户都可以轻松地利用手机、平板电脑及个人计算机等终端访问数字图书馆平台并进行操作。考虑到用户的软件操作水平参差不齐，在设计平台功能时要尽量做到简洁实用，使普通用户可以非常方便地检索到所需的数字资源，提高平台使用效果。

二、大数据时代图书馆馆藏数字存储的意义

（一）为资源共享提供技术保障

在整合和管理图书馆馆藏资源后，图书馆还需要借助先进的信息处理技术来维护和存储图书文献资源，尤其是非常稀缺的光盘制品和微缩文献制品等。由于采用的存储技术具有运行稳定性高、技术成熟、寿命长、应用面广及密度大等优势，所以可以尝试将简易信息聚合（RSS）技术、标签技术以及 Web2.0 技术等应用在图书馆存储工作中，从而帮助图书馆实现用户信息推送服务、用户个性化定制服务、扩大检索服务、新书发送服务及相关信息链接服务等。正是由于上述技术支持提供的服务，才使图书馆与用户的互动交流存在有利环境，让用户有更多机会参与到信息交流过程中，并根据个人的信息需求来获取相应的信息资源服务。

（二）便于文献资源的提供利用

很多历史文献资源极其珍贵，尤其是孤本，不可能满足用户的阅读需求，而且相互传递阅读不可能实现，而将其数字化，则可以满足读者的阅读需要。另外，如果 1 本 16 开的书籍有 1000 多页，经过数字化处理之后就可以利用 6 张微缩平片进行存储，而且这些平片可以直接进行传送阅读。当然，关于音像制品、微缩制品以及光盘的管理和存储技术则显得十分重要，如果没有有效的管理和存储技术，便会对资源管理和共享产生不良影响。

三、图书馆馆藏数字资源的整合策略

（一）图书馆资源整合方案

基于大数据的图书馆数字资源整合方案主要分为大数据资源模块、资源过滤和解析模

块、资源整合模块、资源整合系统反馈控制模块等部分。

大数据资源层主要负责存储和管理数据、系统管理数据及客户管理数据，而且该模块还会参照数据的存储特点、数据的来源、数据的应用方向以及数据的使用频率等特点将收集到的数据按照规则存储到相应的管理数据库中，为整个信息服务资源整合系统提供信息数据的基础管理服务。

资源过滤与解析层部分是大数据资源的上层，接受下层大数据资源提供的服务。该部分主要担负着大数据特征的提取、类型和格式的判别、数据清洗（筛选）及数据解析等工作，其目的在于不仅要过滤掉大数据存在的噪声，还要规范数据的格式和类型，同时需要进一步提高数据的存储密度和使用价值。

资源整合层为使用大数据读取和转换准则，将过滤后的数据进行转换并最终存储在主数据库中。

资源整合反馈与控制层通过数据处理以及分析技术针对大数据进行评估，并利用系统反馈技术实现数据整合、资源调整及反馈系统优化，从而整体提高数据的操作管理水平，提高数据的有效性和可控性。数字图书馆还会全程监管数据的整合过程，及时发现问题、纠正错误并完善管理，为用户提供安全、可靠及便捷的数据服务。系统反馈控制可以影响资源整合控制策略，进一步影响整个图书馆馆藏数字资源的整合方案。

（二）实现数据在采集终端的过滤与整合策略

数字图书馆还会在提供优质数据服务的同时积极收集和整合用户数据，如可以利用终端的传感器、监控仪器、服务器日志监控系统以及终端数据收集器等设备，收集和整理系统运行信息以及用户使用的信息。需要强调的是，这些收集数据的设备构建比较复杂，数据量较大，因此在收集数据时要把握系统所需收集数据量和网络传输的负载之间的平衡，在不影响硬件设备正常运行的基础上尽可能地收集所需的信息数据。因此在数据收集方面采用何种方式收集、整理以及过滤策略对整个信息服务资源整合系统的构建起着至关重要的作用。先进的收集技术将会大大减少硬件设备的运载负荷，从而显著提高数据的整理和分析效率。数字图书馆应该注重对大量原始数据的过滤和整合技术的研究，降低大数据的噪声，有效去除数据的冗余信息，提炼有价值的信息数据并进行存储，整体上提高数据的时效性和利用率。

四、图书馆馆藏数字资源存储系统设计

图书馆资源存储系统主要包括应用服务层、平台服务层及基础设施服务层等，这些都参照层次进行分类。其中应用服务部分主要提供具体的系统功能，平台服务部分主要提供系统监控功能、用户管理功能以及为应用服务层提供专门接口等。图书馆资源存储系统就是一种云端类型的网络，该系统可以提供高并发的网络计算服务以及网络功能服务，利用分布式技术和虚拟化技术来扩展 Web 网络服务器、应用服务器、存储服务器以及数据库

服务器，还可以为不同区域的数字图书馆之间提供多种检索、计算以及存储服务等。

（一）基础设施服务层

基础设施服务层即 IaaS 层，为图书馆资源存储系统总体架构的基础部分，支撑着整体框架的运作，其利用虚拟化技术将硬件资源和相应管理功能进行有机结合。该服务层包括两个方面的功能：（1）利用网络硬件设备、存储设备、主机进行虚拟化、抽象化及分布式处理，将数字图书馆中的各种硬件设备整合在一起，共同封装成为基于云存储的基础服务设施，用户只需将其当成一个整体即可，无须知道是哪部设备提供服务，只需发布调用设备命令就可以获取所需的硬件和软件资源。（2）借助虚拟化技术以及抽象化技术，基础设施服务层为用户提供备份管理、计算服务管理、数据存储管理及负载管理等服务。

（二）平台服务层

平台服务层即 PaaS 层，为图书馆资源存储系统总体架构的中间部分，又称为云中间件，它的作用是将系统的复用性软件和通用性软件进行整合，从而实现为区域数字图书馆提供 PaaS 层服务。该服务层主要提供以下六个方面的功能：（1）提供系统信息管理接口功能，如课题管理、专题管理、资源管理及简报管理等；（2）提供平台核心服务接口功能，如行为分析和统计、任务调度、资源整合及检索等；（3）提供信息发布接口服务，如提供用户定制、发布信息检索、系统资源导航及资源专题发布功能等；（4）提供信息规划接口功能，如信息资源规划及资源体系规划等；（5）提供系统信息资源加工接口功能，如信息生产的分析和统计功能及信息内容编发功能等；（6）提供资源库的发布接口功能。

（三）应用服务层

应用服务层即 SaaS 层，为图书馆资源存储系统总体架构的高层部分，可以为区域数字图书馆提供所需服务和应用软件支持。借助 SaaS 层提供的软件功能，区域数字图书馆可以根据用户具体需求将系统功能以租用方式提供给用户或者其他组织。具体来讲，提供的服务功能主要包括 RSS 信息服务、信息订阅推送服务、系统信息检索服务、个性化用户信息服务、系统公共信息服务、企业竞争监管服务、用户参考和咨询服务、技术评估服务及高新技术查新服务等。

基础设施服务层主要提供系统管理及业务支持的相关功能，从而保证整个系统能够正常运行。终端是整个数字图书馆的最高层，不仅为用户提供登录功能，还可以直接与服务器进行交互，该层不再局限于个人计算机，只要是能够访问云端的终端设备都可以登录客户端。

资源共享模式是大数据时代图书馆发展的必然趋势。借助资源整合技术，图书馆不仅可以实现信息资源的规模化处理，还可以实现本图书馆与其他图书馆在同一平台上对用户和资源的统一管理，从而更大程度地实现资源共享的目的。存储功能是借助先进技术将文献资源按照一定的次序进行管理和存储处理，让相同或相似的文献资源紧密关联，这就是基于文献资源的存储处理的核心所在。

第三节　图书馆文献信息资源的开发与用户需求

随着精神文明建设的稳步推进，用户文化诉求更为多元与迫切，图书馆作为公益性文化服务机构，应致力于用户服务体验的优化和数字化建设的推进。因此，图书馆只有关注不同层次用户的多元化阅读诉求，通过多种形式对馆藏文献资源进行有针对性的开发，才能高效地服务用户，提升图书馆的文化服务影响力。从用户需求的角度探讨新时期图书馆文献信息资源开发的有效举措，以期为相关研究提供借鉴。

知识经济时代，图书馆信息量激增，文献信息资源极大丰富，为做好文献信息资源的有效开发，确保信息资源利用价值的最大化凸显，图书馆必须着眼于用户需求的分析和用户阅读服务诉求的满足。图书馆应紧紧围绕用户，关注不同层次用户的多元化诉求，做好文献信息资源内容的选取和形式的确定，在图书馆内部建立用户与馆员的双向互动，使图书馆文献信息资源开发的针对性更强、服务价值更明显，实现图书馆的社会价值。

一、用户需求导向下的图书馆文献资源开发

（一）用户需求决定文献信息资源的开发内容

图书馆进行文献信息资源开发必须基于用户的实际需求，只有服务于需求才能确保服务是真实有效的，对应的读者体验才是不断优化的。人们在工作和生活实践中需要大量的信息丰富和充实自己，这表明用户的信息需求带有明显的递进发展特征，也呈现出一定的连续性。从本质上看，文献信息是融合知识、情报、科学、技术、信息等多方面智力资源的综合性产物，具备知识性、效用性和可传递性特征。用户知识层次上的差异、文化认知中的差异和知识平衡的现实性需求，都在客观上要求图书馆进行文献信息资源开发利用研究。如果说图书馆的馆藏文献信息是静态化的，要实现图书馆到用户的动态化服务，就必须基于用户需求进行有效开发。为此，图书馆文献采购人员必须熟悉文献信息的来源，加强对用户需求的研究和分析，积极拓宽信息资源采购渠道，加强对文献信息资源的筛选。只有真正契合用户需求的信息才是有价值的信息，才能被图书馆补充到馆藏体系中，以确保后期的利用率。图书馆员还必须致力于方便快捷的检索体系的构建，通过科学的文献编目确保文献检索的科学性和准确性，优化用户的信息检索及利用体验。

（二）用户需求决定文献信息资源的开发形式

图书馆的用户群体是多层次的，用户的需求也更为多元，适用面更广。其中，个体需求主要是单一用户的需求，而群体需求则是某一行业、某一时期、某一类型用户的共性需求。用户群体庞大且成分复杂，这意味着图书馆文献信息的开发形式也会呈现多元化特征。个体的用户需求对文献信息资源的要求是较为单一的，但同一用户的需求也可能随着时代

的变化而不断地发生变化，会涉及政治、经济、文化等不同领域。群体用户需求则更加突出专业性和群体性。因此，无论是个体用户需求还是群体用户需求，都要求图书馆在文献信息资源开发中基于用户的特点，采用多样化的资源开发方式，确保文献信息资源能够更精准地匹配用户需求，实现图书馆文献粗放加工与管理到精细化运作的转变，提升图书馆文献信息服务的主动性，提高图书馆的服务水平和质量。

（三）文献信息资源开发与用户需求相统一

文献信息资源是人类智慧的结晶，是人类文明创造的成果，也是人类向更高层次递进式发展的精神补给。因此，图书馆文献信息资源开发必须与用户需求统一起来。图书馆要服务于人类进步，就必须将文献信息转移到用户手中，融入知识洪流中，并促进信息的积累、传递、转化和增值。图书馆文献信息资源开发不是静止不变的，而是时刻处于变动之中的，这种变动主要体现为不同学科文献信息的交流和传播。信息时代，用户需求不断地发生变化，文献信息资源的开发也要顺应时代趋势不断创新变化，实现深层次开发，促进用户知识层次的提升。图书馆只有保证文献信息资源开发契合用户需求，才能实现凝聚文献信息价值的动态化呈现，才能实现封闭型知识到开放型知识的转变，因此，图书馆必须创新思路，多管齐下地进行文献信息资源的创新开发，确保其与各层次用户信息需求的统一，实现文献信息资源开发与用户需求的协调交流。

二、当前不同层次图书馆用户的信息服务需求

（一）管理型用户的信息需求

该类用户的信息需求突出决策型与管理型，主要包括领导群体及管理层，他们对文献信息资源的需求带有政策性、宏观性、战略性、综合性和预测性等需求特色。因此，图书馆必须重点做好信息的综合加工与整理，便于决策者改进工作，制订工作计划，获取有效的参考信息，做好各项决策。

（二）研究型用户的信息需求

研究型用户在信息需求方面带有专业性要求，主要包括专业性的学者及科研工作者，他们需要借助文献信息资源进行创造性思考、研究与开拓。因此，研究型用户所需的文献信息资源也往往是大量的、专业化的和高水平的，涉及中英文期刊、报纸、学术网站的信息披露等，他们还需要享有专业文献资源的自主下载权。

（三）学习型用户的信息需求

学习型用户的文献信息需求带有学习化的特点，多涉及课程学习、个人能力提升方面的信息资源，侧重于一些专业性的学习书籍、技能培训指导、课件、教学视频、学术讲座资料等。学习型用户也需要公共关系、实践能力、法律金融、外贸及就业等方面的信息。

（四）技术型用户的信息需求

技术型用户更希望获得专项技术的信息指导，他们希望能借助文献信息资源解决其面临的具体问题和具体任务，对应的信息需求主要是技术方法、事实和数据等。技术型用户在信息的获取上更倾向于具有实践指导性的文献信息资源。

（五）企业型用户的信息需求

社会主义市场经济体制的确立，使市场竞争加剧，为了在激烈的市场竞争中保持自身优势，企业必须知己知彼，因此，企业型用户需要行业内及市场方面的文献信息资源，主要涉及新产品的开发信息、市场调研数据、市场销售的反馈信息、管理信息和法律政策性信息等。企业型用户较为繁忙，因此他们更希望图书馆提供的文献信息资源是共享型的，借助远程技术登录图书馆馆藏系统就能及时获取加工好的信息资源。

（六）社区型用户的信息需求

社区型用户是图书馆用户群体中占比较大的群体，其信息服务需求较为灵活与随意，主要是满足个人精神需求。基于图书馆的文献信息资源，社区型用户可以阅读学习、休闲娱乐，充实及提升自我。社区型用户的信息需求更侧重于电视、计算机等媒体的信息发布。

三、基于用户需求的图书馆文献信息资源开发策略

（一）引入以用户为中心的理念

图书馆文献信息资源开发必须引入以用户为中心的理念，关注并重视用户诉求，以用户为中心的服务理念统筹图书馆资源开发工作。一方面，图书馆要加强用户调研，利用线下用户调研、网上用户问卷调查等形式了解用户的文献信息诉求，对用户的专业特征和兴趣特征进行分析，总结推测用户信息需求趋势，构建针对性强的图书馆用户需求信息库，针对各领域、各人群的需求状况和存在的问题提出假设和预测，发掘新的信息需求，主动向用户推荐馆藏各类资源；另一方面，图书馆要研究用户的需求心理、创造心理、求新心理、求快心理等，通过研究信息用户的心理特点、心理变化及信息需求使用过程中的心理实际，发现用户新需求，从而开发新的需求方案。图书馆要以用户为中心开展信息营销，通过信息交换和信息服务活动充分满足用户或潜在用户的需求。

（二）建立图书馆用户联盟

在信息网络环境下，建立用户联盟、走信息共享共建之路是图书馆信息资源开发的有效思路。图书馆借助外力，强化用户联盟，能够更快、更全面地掌握用户的多元化需求，也能及时捕捉用户需求的动态变化，熟悉用户的个性化特征，提供针对性强的文献信息资源服务。建立用户联盟，需要强化图书馆的馆际互动，增强图书馆与各单位的交流协调，将用户放在核心位置上，促进信息服务的全方位创新，激发用户的价值认同感，满足用户的多元化信息需求。例如，图书馆可与当地政府、高校、科研单位、重点企业等达成用户

联盟协议，发展固定用户，为他们提供长期服务。

（三）强化图书馆信息链管理

图书馆文献信息资源的开发要想满足用户需求，必须强化信息链管理，加强图书馆与图书馆、图书馆与读者、读者与读者之间的信息链管理，发挥信息网络的作用，使信息传播更加流畅，共享双向传递，在信息分享中提升信息传播效率。例如，图书馆可建设用户信息交流平台，提供信息推送服务，通过在线咨询、图书馆网站、博客、微信公众号等方式鼓励用户反馈信息需求，准确了解用户对数字图书馆的需求及用户的文化背景，以便为用户推送针对性强的信息；利用数据挖掘技术实现信息内容的深层次分析，发现问题、解决问题并及时总结经验，发掘更深层次的、个性化的用户信息需求。

文献信息资源开发是图书馆用户服务的前提与关键。随着时代的发展，用户需求更为多元，要求图书馆文献信息资源开发必须以用户为中心，创新服务思路和模式，发挥网络和大数据技术优势，增强用户与图书馆的互动，建立信息的双向传输机制，以便更好地服务用户，实现图书馆的可持续发展。

第四节　独立学院图书馆特色馆藏及数字化

独立学院是我国高等教育的重要组成部分，其中图书馆的建设工作不容忽视。图书馆特色馆藏的建设和利用是独立学院图书馆发展的重要手段，是促进学校发展、辅助教学和科研的重要基础。特色馆藏是指一个图书馆所收藏的文献资料具有自己的独特风格，它是按某一专题（地域、人物、时间、事件、机构、学科等）、某一特殊原因而专门收藏的文献资料集合，并辅以相关研究资料，这些文献资料在一个图书馆中具有其独特性。高校图书馆建设特色馆藏的必要性有以下三点：①有利于高校特色学科的建设及整体学科的发展；②有利于提高资源利用率及读者满意度；③有利于实现资源共享及缓解经费紧张的局面。独立学院图书馆作为高校图书馆的重要一员，也应注重图书馆的特色馆藏建设。本节以聊城大学东昌学院图书馆为研究对象，着重讨论聊城大学东昌学院图书馆特色馆藏建设概况及数字化研究。

一、聊城大学东昌学院图书馆特色馆藏建设概况

聊城大学东昌学院成立于 2005 年，由于学校的规划及扩展，于 2006 年把聊城的百年老校——聊城师范及聊城教育学院，并入东昌学院。因此聊城大学东昌学院图书馆继承了一批古籍图书，有 2 000 余册，数量较大。东昌学院图书馆为了好好保护及利用这批古籍图书决定建设特藏书库，从此聊城大学东昌学院图书馆开始了特色馆藏建设。

（一）古籍特色

聊城大学东昌学院图书馆认真整理统计古籍图书共339部，有2 367册，涵盖经史子集丛五大部，其中明清善本146种，有1 345册；民国版图书193种，有1 022册。为了好好保存这些古籍图书，图书馆量书定做六合套及线装书书签和摘要卡片。聊城大学东昌学院图书馆随后又与省图书馆联系开展了古籍编目工作，参与了全省古籍普查工作，并把古籍的书目、书影送交省图书馆和国家古籍服务平台，聊城大学东昌学院图书馆的古籍还被选入了《山东省珍贵古籍名录》。聊城大学东昌学院图书馆的古籍保护工作得到了上级领导的认可，被省文化厅评为“古籍保护先进单位”。图书馆的收集古籍工作还在进行，近两年又收到了赠送的古籍图书两册，继续扩充古籍藏书量。

（二）地方特色

为了凸显聊城大学东昌学院图书馆特色，图书馆主动联系各市县区政协文史部门，收集地方文史资料。先已收藏《聊城文史资料》《临清文史》《阳谷文史资料》《冠县文献大全》等，共计有500余册，基本包含聊城市八个县市的绝大部分资料。为了更详细地体现地方特色，聊城大学东昌学院图书馆还专门收集了聊城的地方报纸资料，收集到了《聊城日报》《聊城晚报》的合订本80多册，还有从创刊开始至今的《今日开发区》和《临清日报》的全部合订本及《阳谷日报》《高唐日报》等多年的合订本。这些报纸都十分具有地方特色，是地方发展变化的实时记录，为研究地方城市变迁提供了宝贵资料。

（三）文化特色

聊城大学东昌学院图书馆还特别收藏了聊城籍作家的作品以及聊城的文化人描写本地身边故事的作品集，设立了本地作家专架，其中包括袁春光的《落雪乡村》《悠悠路情》《春华秋实》等，朱希江的诗集作品《朱希江诗选》，还有《水韵雅风三人行》《渔樵联话》《运河谜谣》等200余作品集。聊城是山东省的文化旅游名城，聊城大学东昌学院图书馆还专门收藏了有关聊城旅游文化的书籍，如《光岳楼》《聊城揽胜》《东昌古今备览》《聊城旅游故事》等70余册图书。这些书籍十分有地方文化特色，为广大师生了解聊城文化的发展提供了丰富的资料。

（四）历史特色

聊城是一座有着悠久历史的古城，历史名人更是层出不穷，如清朝开国状元傅以渐、行乞办义学的武训、国画大师李苦禅、著名学者傅斯年、抗日名将张自忠、领导干部孔繁森、国学大师季羡林等。聊城大学东昌学院图书馆建立了名人书架，收藏了名人著作及有关名人的作品，如《傅斯年全集》《傅斯年学术思想的传统与现代研讨论文集》《傅斯年传》《季羡林全集》《牛棚杂忆》《季羡林传》等。聊城大学东昌学院图书馆还收藏了聊城历史悠久的私人藏书阁——海源阁的相关资料，如《海源阁研究资料》《海源阁研究论集》等相关书籍、刊物。基于聊城的红色革命老区特色，聊城大学东昌学院图书馆还特别设立了红色文献专区，收藏了《鲁西北革命史》《刘邓大军强渡黄河资料选》《范筑先将军传》《张自忠将军传》等百余册图书。

经过几年的时间，通过图书馆工作人员及学院领导的共同努力，聊城大学东昌学院图书馆的馆藏特色已基本成型，且在学院小有人气，是师生的文化乐园，也是图书馆对外宣传的一大亮点。

二、特色馆藏数字化（特色资源数据库建设）

（一）建设数据库的必要性

在计算机飞速发展的时代，图书馆中的资源数字化是图书馆工作的主流趋势。数字化资源有着利于保存、交流、使用等非常多的优点。为了更好地把图书馆的特色馆藏利用起来，实现建设以资源共享为目标的数字图书馆，聊城大学东昌学院图书馆决定建设特色资源数据库。对于学院的师生来说，建设特色资源数据库，可以帮助老师更方便、快捷查找资料，帮助同学们提高信息检索及使用电子资源的能力，通过一些多媒体文件还可以帮助学生更生动地学习特色资源。对于地方而言，建设特色资源数据库可以使范围更广的读者方便快捷地了解聊城市的文化资源情况，并且具有对外宣传文化资源、吸收投资、开发旅游资源、扩大名特产品销路和以文化资源带动与促进经济发展的巨大作用，同时在文化建设、抢救失传濒危文化资源方面，提供保存和保护作用。这不仅能实现学校和地方文化的双向互动及资源共享，还能推动学校及地方的共同发展。

（二）特色资源数据库建设纲要

聊城大学东昌学院图书馆目前着手建设两个数据库，一是古籍文献数据库，二是地方文献数据库。建设古籍文献数据库首先要把图书馆收藏的两千多册古籍以图像形式保存，即用扫描仪等设备将古籍文献的内容以图像形式录入光盘，然后进行分类保存。其次是要把图书馆收藏的古籍文献中比较有研究价值或珍贵的文献内容进行手工录入。手工录入的方法就是将古籍的全文通过键盘输入计算机，使之数字化。古籍内容经过标引及系统处理，录入的文字皆可进行检索、统计，且储存空间较小，检索速度也快。但是手工录入工作量大，对理解古汉语能力的要求较高，现在聊城大学东昌学院图书馆仅有一位老师能胜任此工作，所以，以此方式录入的古籍要相对少些。

聊城大学东昌学院图书馆计划建设的第二个数据库是地方文献数据库。地方文献数据库设有四个数字资源平台：第一个是聊城地方文献，包括地方文史资料、地方志及地方报纸；第二个是文化作品，主要包括有关聊城的文学书籍及聊城现当代文化人的作品；第三个是旅游文献资料，主要包括聊城名胜古迹文献资料及有关旅游的多媒体资料即图片、音频、视频等；第四个是海源阁研究资料，主要包括有关海源阁的文献及研究海源阁的相关论文资料。

为了能更好地为师生服务，聊城大学东昌学院图书馆还计划建设有关师生的两个特色数据库，分别是教师优秀科研成果库及学生优秀作品库。教师优秀科研成果库主要是收集东昌学院教师的优秀论文及专利、专著等，学生作品库主要是收集大学生在校期间获得的各种优秀作品或成果、优秀论文等。建设这两个数据库可以满足师生多方面的需求，整合了东昌学院师生的各种成果，整合了优秀的教育教学资源，有利于更好地开展教学活动，激发学生的创作动力，具有较强的实用性、独创性，有很高的研究价值及收藏价值。

独立学院的发展依托于地方发展，独立学院图书馆也依托于地域文化，依据自身优势丰富其特色馆藏资源，构建完整的文献资源体系并使特色资源数字化，建设特色资源数据库，推动聊城大学东昌学院图书馆往数字化资源共享方向发展。特色馆藏及特色数据库的建设不仅满足了学院师生的教学及科研的需求，还促进了聊城地方文化的传播与发展，帮助了地方文化的宣传，促进了城市旅游经济的发展。

第五节　高校图书馆开展馆藏资源直播阅读推介

新媒体环境下，高校图书馆在文献传递和阅读推广文化服务工作方面正经历着转型变革，依靠数字化技术，借助新媒体平台，接受和实施新型文化服务方式，开展网络直播阅读推介，是挖掘和提高馆藏文献资源传播利用效率、正视读者阅读环境、阅读行为的变化、缓解供需矛盾的重要措施，是未来进一步提升阅读推广文化服务效能的必然趋势。

在新媒体环境下，数字化大潮加速来袭，以 5G、人工智能和区块链等为代表的新一代数字化技术的发展，正日益削解着多年来传统文化服务的边界，各行各业借助新媒体迅速跨进了万物万事皆可播的时代，并以此作为推动行业服务效能提升的重要手段。在人人都是自媒体的时代，读者的阅读方式已经发生了根本性的改变，高校图书馆的馆藏资源传播利用和文化阅读服务受到了挑战也面临着新的考验，不得不进行与新媒体环境相适应的转型升级，图书馆人在思考着借助各类新媒体平台改变服务方式，读者在开始享受高效、简便、满意的服务转变，伴随着这种快速进行的服务体系转型升级，馆藏图书线上直播阅读故事会、线上直播推介专场、线上直播阅读沙龙、线上直播业务培训、线上直播入馆教育等文化服务方式开始滋养着一个新的阅读文化时代。高校图书馆开展各类文献资源网络直播推介的可行性、可靠性、必要性显而易见。本节仅重点探讨高校图书馆在新媒体环境下，开展馆藏图书直播阅读推介的意义和实施运作。

一、开展馆藏图书网络直播阅读推介工作的价值和意义

开展网络直播阅读推介工作，是高校图书馆在新的阅读环境和阅读行为发生变化后及时调整服务策略，打破时间空间限制，从幕后到屏前，逐步形成线上与线下阅读文化服务的有效驱动，是提升馆藏文献资源传播利用效能的有效措施。

开展网络直播阅读推介工作，能打造传播知识的新渠道，通过直播工作人员对推介馆藏文献书籍的精华解读，通过音频视频和图文的直播展示，让读者在短时间内读懂一本书的重点，用新的方式打开书本，理清书籍脉络，快速吸收新知识，直接让读者获得想要的提升，成为让读者广泛参与的一个互动空间。

开展网络直播阅读推介工作，能为广大读者特别是青年大学生提供一个书籍的交流圈、交际圈，在挖掘馆藏利用带动读者阅读的同时，打开全新视角，提供缔结良好社会关系的可能。

开展网络直播阅读推介工作，能提升图书馆智慧服务的形象。直播推介本身具备直观与互动性强的特点，通过真人出镜带读，是一种强有力的阅读推广方式，读者看到的有书本外观，听到的有文字介绍，还有主播个人的阅读感受，在直播空间及时解答读者的提问，便于拉近与读者的远程距离，激发阅读共鸣，使图书馆与读者之间得到一种平等的良性互动交流，读者“被服务”的需求得到满足，在增强与读者之间黏性的同时提升图书馆的知识服务、智慧服务形象。

二、开展馆藏图书资源网络直播阅读推介工作的实施策略

通过精选馆藏图书进行线上直播阅读推介，国内一些知名图书馆已经开启了生动有趣的尝试，进入了全新的阅读直播推介阵地。比如，国家图书馆、首都图书馆、浙江图书馆、湖南长沙市图书馆、辽宁省图书馆等等，都取得了较好的效应，受到了读者的欢迎。

在“2020 年湖北省公共数字文化服务体系建设线上培训”的五个主题培训讲座中，其中的主题二“新媒体内容产生的变革与创新”课件里，主讲人马丽老师有这样一句话让人深有感触，她说：“要把一本书当作一件产品去对待。”众所周知，一件好的产品从问世到人尽皆知再到成为人们生活中的必不可缺，一定是具有极致专业、敬业的团队和群体经过专深的思考与探索，打造出来的让人们喜爱并享受其品质和服务的精品。由此可见，高校图书馆在新媒体环境下开发馆藏资源的利用及创新阅读推广服务方式，必须注入新的阅读文化服务观念来主导阅读推广行为，即用做产品的思维去做阅读推介工作。

（一）组建专门的网络直播阅读推介运营团队

由专门的运营团队精心策划直播内容和形式，跟进直播效应的调研反馈，确保直播空间的绿色健康，确保能吸引读者参与互动交流。

（二）精选网络直播阅读推介对象

根据馆藏图书和利用情况，精选出名人名著、热门图书，文学性、思想性较强的图书，还有适合浅阅读且有益于身心健康的图书等作为直播推介对象。

（三）做好前期宣传和直播平台采集，引导关注，锁定流量

通过微信号、微信群、公众号、小程序、APP 等渠道的流量，引流吸粉。在互联网语

境下，微博、快手、抖音、西瓜视频、Bilibili 等自媒体平台技术最大化地满足了观众和读者的个性化需求，将这些读者喜闻乐见的自媒体应用到图书直播推介工作中，能够激发观众和读者的参与积极性和情感表达，读者通过留言、弹幕与主播直接交流，能直接推动直播工作的持续进行，一定程度上也起到了反哺直播阅读推介工作的作用。

（四）制定图书馆网络直播阅读推介规范，保障设施和直播效应，对直播人员进行系统的学习培训

网络直播阅读推介，也是实现图书与读者之间公开、快捷、方便、有效传播利用的桥梁，这种公开化、透明化的推介方式，需要规范直播行为，维护图书馆的形象，保障读者的权益。为保证直播推介质量，要求主播人员具备一定的直播技巧，较强的口语化交流能力、应变能力，需要具备一定的文化知识素养，可将网络直播技能纳入业务工作学习内容范围，进行专业的培训，以规范化来保障连续性、长期性的效应。

现阶段，高校图书馆积极开展馆藏图书网络直播阅读推介，符合新媒体环境下读者阅读行为方式的变化，为读者打造一个全新的书籍精华阅读推荐空间，是挖掘馆藏资源得以充分利用的新方法，让直播推介在这个自带流量的时代成为联系读者的新纽带，也是高校图书馆充分开发利用馆藏资源的标配。面对读者不断变化的阅读行为，顺应新的阅读环境变化和需求，尽快接受和实施新型阅读文化服务方式，做到屏前幕后相结合，做人格化、态度化、接地气的文化知识传播，将网络直播阅读推介纳入日常工作议程，成为常态化工作内容，是加强与读者的深度连接、提升线上线下阅读推广文化服务效能的有机融合，是高校图书馆服务进步的标志。在新媒体环境下，借助现代技术平台变革与创新开发利用馆藏资源的方式，实现资源的互动共享值得深入探讨。

参考文献

[1] 薛虹 . 数字技术的知识产权保护 [M]. 北京：知识产权出版社，2002.

[2] 奉国和 . 数字图书馆 [M]. 北京：北京大学出版社，2003.

[3] 张炜 . 国家数字图书馆服务框架研究 [M]. 北京：国家图书馆出版社，2012.

[4] 魏大威 . 数字图书馆理论与实务 [M]. 北京：国家图书馆出版社，2012.

[5] 黄肖俊，等 . 数字出版与数字图书馆 [M]. 北京：电子工业出版社，2013.

[6] 刘晓清 . 怎样建设数字图书馆 [M]. 北京：海洋出版社，2010.

[7] 黄梦醒 . 数字图书馆服务链：服务模式　体系架构　关键技术 [M]. 北京：清华大学出版社，2013.

[8] 王芬林，等 . 数字图书馆发展研究 [M]. 北京：国家图书馆出版社，2012.

[9] 熊拥军，等 . 数字图书馆个性化服务研究与实践：基于新型决策支持系统 [M]. 北京：国防工业出版社，2012.

[10] 黄水清 . 数字图书馆信息安全管理 [M]. 南京：南京大学出版社，2011.

[11] 谢春枝 . 分布式数字图书馆资源整合与服务集成的管理研究 [M]. 杭州：浙江工商大学出版社，2009.

[12] 刘燕权 . 数字知识宝库纵览：美国数字图书馆案例精析 [M]. 北京：海洋出版社，2014.

[13] 魏大威 . 数字图书馆建设与服务推广研讨会获奖论文 [M]. 北京：国家图书馆出版社，2012.

[14] 吕淑萍，等 . 图书馆数字资源版权管理实践与案例 [M]. 北京：国家图书馆出版社，2013.

[15] 徐周亚，龙伟 . 国家图书馆数字资源对象管理规范：国家数字图书馆工程标准规范成果 [M]. 北京：国家图书馆出版社，2013.

[16] 吴建华 . 数字图书馆评价方法 [M]. 北京：科学出版社，2009.

[17] 袁永久 . 我国数字信息资源共享建设策略研究 [J]. 农业图书情报学刊，2011，23（7）：26-28，67.

[18] 姚晓霞，肖珑，陈凌 . 新世纪十年 CALIS 的建设发展 [J]. 高校图书馆工作，2010（6）：3-6.

[19] 郑铣 . 医学数字信息资源的开发利用 [J]. 现代临床医学，2012，38（6）：466-468.

[20] 于新国 . 对数字信息资源开放存储的研究 [J]. 价值工程，2012(24)：231-233.

[21] 于新国 . 开放存取环境中的我国图书情报类现期期刊资源分析 [J]. 科技文献信息管理，2010，24(4)：27-29，32.